安部恭子
石川隆一
［編著］

「みんな」の学級経営

伸びる つながる

4年生

東洋館出版社

目次 CONTENTS
「みんな」の学級経営　伸びる つながる 4年生

プロローグ
学級経営を学ぼう ……………………………………………… 005
- [小学校の学級経営] 学級経営の充実を図るために …………… 006
- [4年生の学級経営] 自己肯定感を高める活動を ………………… 014

第1章
ちょっとひと工夫！
4年生の教室環境づくり ……………………………… 017
- 学級生活が見える教室環境をデザインしよう ……………………… 018
- 一人一人の作品を大切に ……………………………………………… 020
- ねらいをもって座席配置をしよう …………………………………… 022
- 係活動を生かした「読書コーナー」をつくろう …………………… 024
- ぽかぽか一言　イングリッシュを集めよう！ ……………………… 026
- 教室掲示を教師からの「メッセージ」にしよう …………………… 028
- 係活動計画表を活用しよう …………………………………………… 030
- 学んだことをいつでも活用できるように掲示しよう ……………… 032
- 「見合う」「伝え合う」掲示物にしよう …………………………… 034
- 学級のあゆみカレンダーをつくろう ………………………………… 036

第2章
これで完璧！
4年生の学級づくりのコツ ……………………………… 039
- 学級づくりの「夢」を描こう ………………………………………… 040
- 学級の「合言葉」をつくろう ………………………………………… 042

目　次

日々の成長が見える朝の会・帰りの会にしよう……………… 044
日直を１日のリーダーにしよう…………………………………… 046
当番活動で協力し合う学級をつくろう…………………………… 048
見通しをもって係活動に取り組む工夫をしよう………………… 050
「協力」を実感できる学級集会にしよう………………………… 052
子供の様子が伝わる学級通信をつくろう………………………… 054
学年だよりは保護者との大切な連絡ツール……………………… 056
「待つこと」を大切にしよう……………………………………… 058
「褒める」「叱る」も大事なメッセージ………………………… 060
互いの「事実」を認めた上で指導すべきことを指導しよう…… 062
気持ちよく２学期のスタートをきろう…………………………… 064
「先生の前にワンクッション」の工夫をしよう………………… 066
時には教師が情報提供しましょう………………………………… 068
保護者も参加する授業参観にしよう……………………………… 070
保護者同士で情報交換できる保護者会にしよう………………… 072
「家庭訪問」「個人面談」で信頼関係を築こう………………… 074
運動会の感動を大きな自信にしよう……………………………… 076
一人一人の思いを生かした音楽会にしよう……………………… 078

[第3章]

子供たちの学習意欲を伸ばす！
４年生の授業のコツ ……………………… 081

[授業に入る前に　Check Point]

グループ学習がこんなにスムーズに………………………………… 082
「自主学習」で自分から学ぶ姿勢を身に付ける…………………… 084
学びに生きるノートの使い方を指導しよう………………………… 086
[国語科] 漢字の指導は授業で………………………………………… 088
[国語科] みんなで話し合おう「ごんぎつね」読書会……………… 090
[国語科] ４年生　言語活動あれこれ………………………………… 092

| ［社 会 科］ 自分ごととして考える「ごみのゆくえ」……………………… 094
| ［算 数 科］ 竹ひご DE 対角線!! ……………………………………………… 096
| ［算 数 科］ 「小数巻き尺」で実感しながら小数を学ぶ ………………… 098
| ［理　　科］ 理科室の基本ルール ……………………………………………… 100
| ［音 楽 科］ 学年の系統を意識した音楽科の授業づくり ………………… 102
| ［図画工作科］ 材料と出会う時間を大切に ……………………………………… 104
| ［体 育 科］ いろいろな動きを経験する体つくり運動 ……………………… 106
| ［外国語活動］ なりきり自己紹介をしよう ……………………………………… 108
| ［総　　合］ 地域のプロフェッショナルを活用した総合的な学習の時間… 110
| ［道 徳 科］ みんなの考えを比べ合う「特別の教科　道徳」……………… 112
| ［特別活動］ 学級会（話合い活動）に取り組もう …………………………… 114
| ［特別活動］ 「自分に合った歯みがき」について指導しよう ……………… 118
| ［特別活動］ 自分の成長を見つめ、次の学年へ！ ………………………… 120

第4章

4年生で使える「学級遊び」………… 123

ぴったりクエスチョン……………………………………………………… 124
○組ブックをつくろう……………………………………………………… 126
わたしはだれでしょう……………………………………………………… 128
新聞タワー…………………………………………………………………… 130
調査じゃんけん……………………………………………………………… 132

編著者・執筆者一覧………………………………………………………… 134

プロローグ

学級経営を学ぼう

小学校の学級経営

学級経営の充実を図るために

文部科学省 初等中等教育局
教育課程課 教科調査官　**安部 恭子**

1　学級経営をどう考えるか

　今回の学習指導要領は、全ての教科等が資質・能力で目標や内容を整理しているのが大きな特徴となっています。特別活動の場合、これまでも大事にしてきた人間関係形成、社会参画、自己実現の三つの視点をもとに作成しています。小学校の総則と特別活動にはこれまでも学級経営の充実に関する表記がありましたが、今回、教科担任制である中学校の総則と特別活動にも学級経営の充実が示されました。

　学級経営が大事なのは分かっているけれど、どんなことをすればよいのか、どう充実させればよいのかということを先生方はお悩みになっているのではないでしょうか。子供たちの教育活動の成果が上がるように、学級を単位として諸条件を整備し、運営していくことが学級経営であるととらえると、子供たちの人間関係をよりよくつくることも、環境整備も、教材を工夫することも、日々の授業をつくっていくことも学級経営の重要な内容であり、多岐に渡ります。ここが問題かなと思います。

　今回の学習指導要領では、根本のねらいとして、子供たちが自らよりよい社会や幸福な人生を切り拓いていくことができるようにするため、必要な資質・能力を育むことがあげられています。ですから、**学校生活において、子供たちが自らよりよい生活や人間関係をつくっていく基盤となるのが学級経営の充実だと、私はとらえています。**大切なのは、どんな学級生活・学級集団を目指したいのかという教育目標を、先生がしっかりともつことだと思い

ます。自分の理想だけを考えていると現実と合わなくなってしまいますから、目の前の子供たちの実態を見据えながらどんな資質・能力を育みたいかを考え、学級の教育指導目標を立てていくことが大切です。

年度当初の計画において重要なことは、学年としてどのように指導していくか、共有化していくことです。しかし、学校教育目標や学年目標を共有化して共通理解を図って指導しようとしても、学級によって子供たちの実態は異なります。1年生から2年生に上がるという点は同じでも、これまでの学級生活が異なることから、各学級ではどうしても違いがあります。

そのような中で、今までみんなはこういう生活をしてきたけれども、「これからは2年○組として一緒の仲間だよ」と子供たちに考えさせていくためには、子供の思いや保護者の願い、そして担任の指導目標を踏まえた学級の目標をしっかりとつくり、目指す学級生活をつくるために「みんなはどんなことを頑張っていくのか」ということを考えさせないといけません。「こういう学級生活をつくりたいな」「こういう○年生になりたいな」という思いをきちんと年度当初にもたせないと、学級目標は単なる飾りになってしまいます。学級活動では、「○年生になって」という題材で、自分が頑張りたいことを一人一人が決める活動がありますが、例えば2年生なら、単に「算数科を頑張る」「生活科を頑張る」ではなく、**一番身近な2年生の終わりの姿を子供たちに見通させ、その上で今の自分について考え、どう頑張っていくかを子供たち一人一人が具体的に考えるようにします**。このことがなりたい自分やよりよい自分に向けて頑張っていける力を付けていくことになり、自己の成長を自覚し、自己実現にもつながっていくのです。

2　人間関係形成と課題解決力育成のために 学級経営が果たす役割とは

平成28年12月の中央教育審議会の答申において、「**納得解**」を見付けるということが示されています。このことと特別活動・学級経営との関わりは大きいと思います。平成29年11月に公表されたOECDの学力調査でも、日本の子供たちの協同して問題解決する力は世界で2位でした。身近な生活を

見つめて、自分たちの学級生活や人間関係をよりよくするためには、どんなことが問題なのか、どうすればよいのかに気付き、考える子供を育てる必要があると思います。低学年では、まずは「みんなで話し合って、みんなで決めて、みんなでやったら楽しかった」という経験がとても大切です。そこから自発的・自治的な態度が育っていくのです。本音で話し合える学級をつくるためには、本音を言える土壌をつくっておかなくてはなりません。担任の先生が、一人一人が大事な存在なのだと示し、支持的風土や共感的土壌をつくっていくことが大切です。また、子供たち同士の関わりの中で、他者との違いやよさに気付き、我慢したり、譲ったり、譲られたり、といった集団活動の経験を積み重ねていくことが必要です。

　子供たちにとって、学級は一番身近な社会です。家庭から幼児教育の段階、小学校の段階とだんだん人間関係が広がっていき、子供たちは、自分とは異なる多様な他者がいるのだということや協働することの大切さを学んでいかなくてはなりません。そのために、新年度において担任と子供の出会い、子供同士の出会いをどのように工夫して演出し、どのように人間関係をつくっていくかということがとても大切になってきます。

　学級活動で言えば、例えば「どうぞよろしくの会」や「仲よくなろう会」など、お互いのことを知って人間関係をつくっていけるような活動を、子供たちの話合い活動を生かして意図的・計画的に組んでいくことが必要だと思います。また、教室に入ったときに「これからこの学級でやっていくのが楽しみだな」と思うような準備をするとよいでしょう。例えば、先生と子供、子供と子供で、お互いの名前が分かるような掲示を工夫するとよいと思います。<u>私は４月の最初の日だけではなく、毎日必ず黒板に子供へのメッセージを書いていました。</u>出張でどうしても帰ってこられない日は無理ですが、それ以外の日は、詩を書いたり、前日の活動やこれから行う活動のことについて、「こういうところを頑張ったね」「こういうことを頑張っていこうね」ということを書いたりしました。最初の出会いづくりを工夫し、子供たち自身が学級に居場所を感じて愛着をもてるようにすることを目指したのです。

　また、特別支援学級に在籍している子供でなくても、支援が必要な子供は学級の中にたくさんいるでしょう。例えば、問題行動を起こす子供がいた場

合、その子供自身が一番困っているので、そこをきちんと理解してあげることが大切です。また、その子供に合った合理的配慮をしたり、ユニバーサルデザインなどの視点で環境整備をすることも大事です。そして何よりも、集団生活においては、周りをどう育てるかがより大事なのです。もちろん個人情報に関わることは伝えてはいけませんが、この子供はこういうことは得意だけれどもこういうことは苦手なのだというような特性を、子供たちが分かって接するのと分からないで接するのとでは、全然違うと思います。

　また、日頃しゃべらない子が、ある2、3人の子供とは話すことがあります。そういうことを先生がきちんと見取って、グループ分けするときに配慮することも必要です。先生だけが知っているのではなく、子供たちがお互いのよさを分かり合えるような機会をつくってください。いつも仲よしだけで遊んでいるのではなく、**お互いを知り、よさに気付き合い、頑張り合ってクラスの仲が深まるような活動を、ぜひ学級活動でやっていただきたいと思います。**

　子供たち自身に「このクラスでよかったな」「自分はこの学級をつくっていくメンバーなんだ」という意識をもたせるためには、学級担任の先生が子供たちのことが好きで、学級や学校への愛着をもつことがまず必要ではないでしょうか。日本の先生方は、大変きめ細かく子供たちのことをよく考えて指導しています。朝は子供たちを迎え、連絡帳や学級通信、学年だよりなどを通して保護者との連携を図り、学年同士のつながりも考えて、先生方は子供たちのために一生懸命取り組んでいます。そういうところは、本当にすばらしいと思います。

　先生方には、本書や『初等教育資料』などを読んで勉強したり、地域の教育研究会やサークルなどを活用したりして、共に学んでいく中で自分の悩みなどを言い合えるような人間関係をつくっていくとよいと思います。

3　教科指導と学級経営の関係性

　学級経営は、「小学校学習指導要領解説　特別活動編」に示されているように、学級活動における子供の自発的・自治的な活動が基盤となりますが、特別活動だけで行うものではありません。**教科指導の中で学級経営を充実さ**

せていくことも大切なのです。結局、子供たちによい人間関係ができていなければ、いくら交流しても学び合いはできません。例えば発表しなさいと言っても、受け入れてくれる友達や学級の雰囲気がなければ発言しようという意識にはなりません。友達の意見をしっかりと受け入れて理解を深めたり、広げたり、考えや発想を豊かにしたりするためには、それができる学級集団をつくっていかなければなりません。低学年であれば、まず「隣の人とペアで話し合ってみようね」「グループで一緒に意見を言ってみようね」などといった段階を経験させておくことも大切です。

　教科指導の中で大事なものに、**学習規律**があります。例えば、自分の行動が人に迷惑をかけてしまう、また、この授業は自分だけのものではなく、みんな学ぶ権利があって、しっかりやらなければいけない義務があるというようなことを、子供自身が自覚し、自ら学習に取り組むことができるようにしていかなければなりません。

　そして、友達が発言しているときは途中で勝手に割り込まない、相手を見て最後までしっかり聞く、という基本的なことは学習における最低限の約束なので、学校として共通理解を図り、共通指導を行っていくことが望ましいでしょう。これは生徒指導とも大きな関わりがあります。

4　特別活動における基盤となる学級活動

　学習指導要領では、特別活動の内容として〔**学級活動**〕〔**児童会活動**〕〔**クラブ活動**〕〔**学校行事**〕の四つが示されています。前述のとおり、特別活動は各教科の学びの基盤となるものであり、よりよい人間関係や子供たちが主体的に学ぼうとする力になると同時に、各教科の力を総合的・実践的に活用する場でもあります。そういう点で各教科等と特別活動は、往還関係にあると言えます。特別活動の四つの内容も、各教科等と特別活動の関係と同じように、学級活動での経験や身に付けた資質・能力がクラブ活動に生きたり、クラブ活動での経験が児童会活動に生きたりといった往還関係にあります。その中で基盤となるのが、学級活動です。

　学級活動については、学級活動（1）は子供の自発的・自治的活動、つま

り学級の生活や人間関係の課題を解決していくために話し合い、集団として合意形成を図り、協働して実践すること、学級活動（2）は自己指導能力、今の生活をどう改善してよりよい自分になっていくか、学級活動（3）は現在だけではなく将来を見通しながら今の自分をよりよく変えて、なりたい自分になるため、自分らしく生きていくために頑張ることを決めて取り組んでいけるようにします。**学級活動は、このように（1）と（2）（3）では特質が異なるため、特質を生かしてしっかりと指導していくことが必要です。**

　学級は子供にとって毎日の生活を積み上げ、人間関係をつくり、学習や生活の基盤となる場であり、そこから学校を豊かにしなければいけません。学級生活を豊かにするためには、目の前の子供たちを見つめ、どういう実態にあるのかをしっかりと把握し、どんな資質・能力を育んでいくのかを先生がきちんと考えることが必要です。

　今回の学習指導要領では、活動の内容として、（3）が新たに設定されました。いろいろな集団活動を通して、これらを計画的・意図的に行っていくことが必要になります。

　学級活動（1）で、議題箱に議題が入らないと悩んでいる先生が多くいらっしゃいます。これは、子供自身に経験がないため、どんな議題で話し合ったらよいか、その発想を広げることが難しいのです。学級会の議題を出させるためには、例えば、「上学年のお兄さん、お姉さんに聞いておいで」と指示したり、「先生は前のクラスでこんなことをやったよ」ということを話してあげたり、教室環境を整備したりといった取組が考えられます。各地の実践を紹介すると、「学級会でこんなことをやったよ」と、全学年、全学級の学級会で話し合った議題を提示している学校があります。また、ある学校では、教室に入ってすぐある掲示スペースに、次の学級会ではこんなことを話し合いますという学級活動のコーナーをつくり、子供たちがすぐに見て情報共有できるような工夫をしています。このような創意工夫が、子供たちが生活上の問題に気付く目を育てるのです。

　また、**学級活動における板書の役割はとても大きいのです。**よく、「思考の可視化・操作化・構造化」と言いますが、構造化とはパッと見て分かるようにすることですから、意見を短冊に書いて、操作しながら分類・整理して

比べやすくしたり、話合いの状況や過程が分かるようにしましょう。こうした力は学級活動だけではなく、教科の学習でも生きてきます。

　学級活動の（2）（3）においても、「今日は1時間、こういう学習を経て、こういうことを学んだ」ということが板書で明確になっていないと、子供たちの学びは高まりません。ある地域では、**「つかむ→さぐる→見付ける→決める」**という四つの段階を経ることを基本事例として黒板に明確に示し、これを教科でも使用しています。最初に課題をつかみ、どうすればよいのかを話し合い、みんなで見付けた解決方法を発表し合い、自分の力で次の例題を解いていくのです。1回の話合いや集会などの実践だけが大事なのではなく、実践をもっと大きくとらえ、事前から事後までのプロセスを意識する必要があるのです。また、実践して終わりではなく、成果や課題について振り返り、次の課題解決につなげることも大切です。

　学級会における板書等の経験が、児童会活動の代表委員会で活用されるなど、汎用的な力となるようにします。また、特別活動で育成した話合いの力は、国語科や社会科のグループ活動などにも生きていきます。活動を通して子供たちにどんな力を付けさせたいのか、何のための実践なのかをきちんと意識して話し合い、次に課題があったらつなげていく。前の集会のときにこうだったから今度はこうしよう、というように経験を生かせるようにします。

　振り返りのときに、よく、「お友達のよかったことや頑張ったことを見付けましょう」と言いますが、よさを見付けるためには先生が『よさの視点』をしっかりもって子供に指導することが大切です。「どんなところがよかったのか」「課題は何か」などを具体的に示すことで、子供たちの学びが深まります。年間指導計画も例年同じ議題を例示するのではなく、今年はこういう議題で話し合って実践したということを特活部会等で話し合い、組織を生かしてよりよく改善していく、そういう姿勢も学級経営の充実につながるのではないでしょうか。

5　学校行事と学級経営の関係

　今回の学習指導要領の特別活動の目標では、「知識及び技能」で、「集団活

動の意義の理解」を示しています。このことは、行事も単に参加するのではなく、何のために参加するのかという意義を子供にきちんと理解させた上で、自分はどんなことを頑張るかという目標を立てさせて取り組ませ、実践して振り返ることが必要になってくるからです。

　学校行事の大きな特質は、学年や全校といった大きな集団で活動するという点です。学級でいるときよりも大きい集団の中での自分の立ち位置や、みんなで一緒に行動をするためには他者を考えなければいけないという点で、学校行事と学級経営は大きく関わってきます。

　日頃の学級経営を充実させ、学級としての集団の中で自分はこういうことに気を付けていこう、よりよくするためにみんなで決めたことを協力し合って頑張っていこうという意欲を高め、一人一人の子供がよさや可能性を発揮して活動することができるようにします。そこでの基盤はやはり、学級活動になります。

　特に学校行事の場合、高学年は係等でいろいろな役割を果たします。学級集団の中で役割を担い、責任をしっかり果たすという経験は、学校行事の中でも生きてきます。学級の中ではなかなか活躍できない子供も、異年齢の集団活動である学校行事やクラブ活動、児童会活動の中で活躍することによって、リーダーシップを発揮したり、メンバーシップの大切さを学んだりします。そして、自分もやればできるという自己効力感を感じたり、自分もこういうことで役に立てたという自己有用感を感じたりすることができるのです。例えば、集会活動には司会役やはじめの言葉など、いろいろな係分担がありますが、やりたい人だけがやるのではなく、学級のみんなが役割を担って集会を盛り上げ、責任を果たすことが大事です。

　話合いや実践後には、先生が子供たちのよさや頑張りを具体的に褒めてあげることも大切です。そして、内省し、友達に対して自分はどうだったかを考えることができる子供を育てるためには、振り返りを大事にします。

「こんなことを頑張った」というプラス面を見ていきながら、「次はこういうことをもっと頑張ろう」と次に向かう力につなげ、前向きに頑張れる子供を育ててほしいと思います。

4年生の学級経営

自己肯定感を高める活動を

自ら学ぶ土台となる学級経営を

　4年生は、クラブ活動が始まったり、委員会活動の中でも代表委員のように学級の代表となる子供が出てきたりする学年でもあり、3年生からさらに人間関係や活動範囲が広がっていく段階です。1～6年を大きく二つに分けると、4年生は高学年の仲間入りをします。例えば4年生と2年生が組んでペア学年での異年齢交流活動に取り組み、上学年としてリーダーシップを発揮する機会をつくっている学校もあります。多くの学校では、4年生からクラブ活動が始まると思いますが、クラブ活動は、子供たちが自分の興味・関心に基づいてクラブを選び、自分たちで活動計画を立てて活動し、個性を伸ばしていくものですから、キャリア形成にも大きく関わります。

　学習については、4年生はだんだんと自主学習的なことが広がっていく時期です。しかし、学校生活が楽しくなければ子供たちは自ら学ぼうという気持ちにはなりません。異年齢の交流活動をはじめとする、いろいろな集団活動を通して自己有用感や自己効力感を味わわせてあげることが必要です。

　全国の学校で多く見られる学級活動の実践は、学級の歌や旗などをつくる活動です。**しかし、大事なのは歌や旗マークをつくることではなく、そこに「こんなクラスにしたいな」「自分たちのクラスにはこんなよさがあるな」という子供たちの思いを込めてつくり、それを活用して生活をよりよくすることが大切です。**ですから、つくったものをただ飾るだけでなく、活用して愛着をもてるようにしてほしいと思います。

　また、夏休みや冬休み前に生活表をつくることも多いと思いますが、「楽しかった」「宿題がぎりぎりになってしまった」という1行日記を書くためだけのものにするのではなく、子供たちがどんなふうに自分なりに具体的な目標をもち、それに向けて頑張ることができたかという振り返りができるように

工夫してください。例えば、夏休みの経験の発表会を学期のはじめに行って、学級経営に生かしていくことも考えられます。学校生活では見えなかった「こんなことを調べてきたんだ」「こんな思い出をつくったんだ」といった友達のよさや頑張りに、子供たちが互いに気付く機会になると思います。

リーダーシップの芽を育てる

　4年生は、社会参画という視点から、地域や社会に目を向けていく時期でもあります。総合的な学習の時間でも、「地域の自然を知ろう」「町のよさ発見」などという活動に取り組んでいく学校も多いと思います。多様な集団活動を通して、家庭、学級、異年齢のクラブ、学校、地域へと、子供たちの世界が広がっていきます。社会参画というのは、計画・運営に子供たちが関わるからこそ「参画」です。クラブ活動や委員会活動にただ参加するのではなく、クラスで事前に話し合い、それをもとに発言するなどして、自分がどう取り組むか、目標をもって参加することが大事です。

　縦割り活動について考えてみましょう。1、2年生は助けてくれるお兄さんお姉さんへの憧れや尊敬の気持ちをもって取り組みます。また、5、6年生は上級生としてリーダーシップをいろいろな場面で発揮します。真ん中である3、4年生の参加の仕方が一番難しいと思います。そこで、1～6年の異年齢の交流活動等では、いつも5、6年生が何をやるか話し合って決めるのではなく、年度末に近付いてきたら、「今日は4年生が内容について考えてくれました」というように、リーダーシップを発揮する場や機会を充実させていくことが大切です。そうした経験が、5、6年生になったときにしっかり下学年のことを考えることにつながります。また、学級内の係活動などで創意工夫して自分たちの生活を楽しくし、充実させるという経験を積ませておくことも大切です。4年生だけに限ったことではありませんが、課題解決の力を育てたい時期でもあります。こういった活動が、5、6年生になってからの充実した学校生活につながっていくので、一番身近な社会である学校生活に目を向け、課題に気付き、みんなで話し合って解決できるようにします。**いろいろな活動を通して自己肯定感を高めることができるようにして、5年生に希望や目標をもって進級できるようにします。**

第1章

ちょっとひと工夫！
4年生の
教室環境づくり

子供が主役となる教室環境づくりの工夫①

学級生活が見える教室環境をデザインしよう

ねらい

4年生の子供たちはこれまでの学校生活で様々なことを経験し、成長してきています。そこで、子供たちがつくる学級生活が見えるような教室環境をデザインしましょう。

子供の字、物を増やし、子供の声がたくさん聞こえる教室

　子供たちは、友達との関わりの中で、自分たちの生活を自分たちの手でつくり、楽しくしていく経験を積んでいきます。そのために、子供たちの共通の話題になるものを置いたり掲示したりします。例えば、**係活動コーナーや学級会コーナー、学級のカレンダー**などです。可能な限り子供が書いたものを掲示し、「自分（たち）が書いたものがみんなに喜んでもらえた。友達にも先生にも頑張りを認めてもらえた」という気持ちを大切にします。そのためにも、丁寧に、大きく見やすい字を書くことや色の使い方などを指導しながら掲示物をつくりましょう。

　共通の話題になるものは、掲示物だけとは限りません。例えば、生き物を飼ったり、植物を育てたりすることで、一緒に世話をし、成長（生長）を互いに喜び合うことができます。共通の話題をたくさんつくり、演出し、子供の声がたくさん聞こえる教室を目指します。また、子供が進んで掲示物を更新したり、生き物の世話をしたりできるようにします。**掲示物は子供が見やすい高さに貼る、更新しやすいように手が届く位置に貼る、水槽が子供の手が届く高さにある、世話をしやすいように作業スペースを確保するなどがポイントです。**

第 1 章　ちょっとひと工夫！　4 年生の教室環境づくり

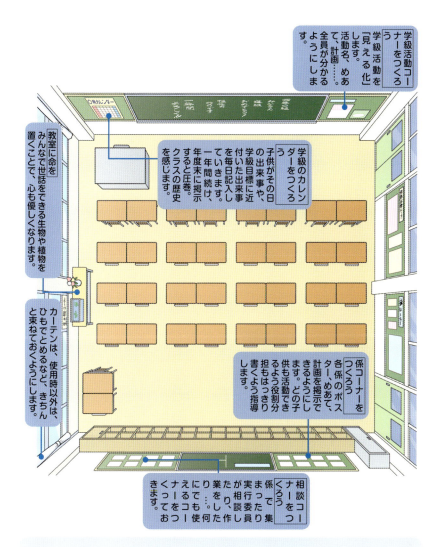

学級活動コーナーをつくろう
学級活動を「見える化」します。活動名、めあて、計画……。全員が分かるようにします。

学級のカレンダーをつくろう
子供がその日の出来事や、学級目標に近付いた出来事を毎日記入していきます。一年間続けて、年度末に掲示するとクラスの歴史を感じます。

教室に命をみんなで世話をできる生物や植物を置くことで、心も優しくなります。

カーテンは、使用時以外は、ひもでとめるなど、きちんと束ねておくようにします。

係コーナーをつくろう
各係のポスター、めあて、計画を掲示できるようにします。どの子供も活動できるよう役割分担もはっきり書くよう指導します。

相談コーナーをつくろう
係で集まり相談したり、委員会の仕事をしたり、何か使ってもよいコーナーです。実行委員も相談し、計画が立てられます。

--- ここがポイント ---

❶ 板書の字の大きさは、教室の中心に立って、その掲示物を見たときに見やすいかどうかを目安にするとよいでしょう。鉛筆の字はあくまで下書き。仕上げはペンで、はっきりと見えるようにします。

❷ 季節を意識して色画用紙選びを。例えば、春はピンクや黄緑。夏は水色や青。秋はオレンジや茶色。冬は白や紺など。色でも季節感を演出できます。

子供が主役となる教室環境づくりの工夫②

一人一人の作品を大切に

ねらい

教室を子供の作品でいっぱいにすることで、子供たちの生活が感じられる教室を目指します。子供の字が増えるということは、それだけ指導する機会が増えるということです。どのようなことに気を付けて環境を整えるか考えてみましょう。

子供の作品の掲示の仕方で、教師の姿勢が伝わる

子供の作品を掲示するときには、必ず事前に確認し、必要に応じて個別に指導をします。誤字脱字がないようにするのはもちろんですが、一人一人の作品を大切にしましょう。子供の作品の掲示の仕方で、教師の子供に対する姿勢が伝わります。子供たちが掲示されることに対して安心することができるように、例えば、次の点に配慮しましょう。

誤字脱字がないように
子供がつくった新聞や作文に誤字脱字がないか確認します。子供から提出されたときに、付箋紙などで指示しておきましょう。

全員の作品を掲示
「学年掲示板に掲示している」「作品展に出品している」等の場合には、そのことについても掲示しておきましょう。

〇〇さんの作品は作品展に出品中です

評価をしっかりと行う

作品にコメントを添える場合は、あたたかい言葉で作品のよさを認める内容を書きましょう。付箋紙やカードを添付するのもよいでしょう。

子供の作品を大切に扱う

画鋲を使わずにクリップで作品を掲示したり、床の近くには作品を掲示しないようにしたりして、作品を大切に扱いましょう。

Column：「命」を大切に育てている教室では…

教室で生き物を育てている場合は、世話をしっかりと行うことができるようにしましょう。子供に任せっぱなしではなく、ちょっとした工夫を教えたり配慮したりすることで**「命」を大切に育てること**につながります。「命」を大切にする、優しい心を育てていきましょう。

＊植物を育てている場合は、毎日水やり、水替えを。日当たりのよいところに置きましょう。

―――― ここがポイント ――――

教室環境をしっかりと整え、子供の作品を大切にすることは、子供たちの安心感や学習意欲にもつながり、保護者の信頼を得ることにもなります。

子供が安心して学べる座席配置の工夫

# ねらいをもって座席配置をしよう

―― ねらい ――

子供同士が安心して多くの友達と関わり合い、学び合っていけるような教室の座席配置を工夫しましょう。

座席配置は教師が責任をもって決める

「次の席替えはいつ？」と子供が気にする座席の配置。くじ引きで決める、お見合い方式で決めるなどの方法は、偶然性のある中で座席を決めるドキドキ感があります。

しかし、このような方法だと、教師のねらいや意図はなかなか反映されません。「AさんとBさんはもっと関われたらいいな」「前方の席で、友達の動きに左右されずに集中して学習してほしい」という教師のねらいや意図が重要です。教室の座席は、毎日毎時間の学級生活に直結するからです。

そこで、学級の実態によっては、座席は教師が責任をもって決める必要があります。視力の弱い子供、刺激に弱い子供などについては、保護者と連携を図った上で特に配慮します。また、基本の座席は決めますが、道徳や学級会など子供同士、顔が見えた方がよいときは座席を「コの字」にしたり、給食やグループ学習のときにはそれに応じた座席にしたりするなど、臨機応変に座席の形を変えることも考えられます。

ただし、教師自身が考えて座席を決めていくと、つい似たような座席になってしまうこともあるので、**時には空欄の座席表を配付し、子供にどのあたりに座って学習したいか聞く**のもよいでしょう。一人一人が納得し、次の座席で頑張ることができます。

第1章　ちょっとひと工夫！　4年生の教室環境づくり

基本の座席（例）

学級会用（例）

グループ学習用（例）

席替えの留意点

　くじ引きやお見合い方式で席を決める場合は、必ず教師が確認し、教師のねらいや意図が反映されるようにするため、場合により座席を替えることがあることを、あらかじめ子供に伝えておきます。

10/24（火）に席がえします!!

今まであまり話したことがない友達と関わることができるようにします。

〈席がえ希望シート〉
希望する席に○をしてください。
第3希望まで書いてあるとうれしいです。
希望通りにならないこともありますが、そのときはゴメンナサイ。

＊時には空欄の座席表を配付して、子供の思いも聞き取ります。

――― ここがポイント ―――

　一人一人の子供にどんな関わりをしてほしいか、何を学んでほしいかを考えます。座席替えの時期やタイミングにも、教師のねらいが反映されます。時には子供の思いを聞いて座席配置に反映するなど、子供と一緒に決めることも大切です。座席替えのタイミングは、あらかじめ伝えておきます。

自ら読書に親しむ子供を育てるための読書コーナーの工夫

係活動を生かした「読書コーナー」をつくろう

ねらい

　自ら読書に親しむ子供を育てるための「読書コーナー」づくりを、子供たちの自発的、自治的な活動である係活動と関連させながら進めましょう。

本を手に取り、読書の魅力に触れる機会を増やすために

　読書は、内容を楽しんだり知識を得たりするだけでなく、思考力や判断力、感性や表現力を高める大切な学習活動です。しかし、パソコンやスマートフォンなどの情報機器の活用が広がるにつれて、本を手に取ったり、読書の魅力にふれたりする機会が少なくなってきているのではないでしょうか。

　自ら読書に親しむ習慣を付けるためには、教室の環境を工夫することが大切です。学級文庫として、教室内に本を日常的に置いている学級も見られます。しかし、ただ本を置いているだけでは読書習慣は身に付かないでしょう。

　そこで、ここでは、「読書コーナー」づくりについて、子供たちの係活動と関連させながら進める方法を提案します。

　係活動は、子供たちが友達と協力しながら自主的、実践的に取り組み、学級生活をより豊かにしていく自発的、自治的な活動です。その特質を生かして、子供たちの目線でより自然に、読書に対する意識を高めていきます。

第1章 ちょっとひと工夫! 4年生の教室環境づくり

▼読書コーナー

＊読書コーナーにできる限り多くの本を置いておくことが理想ですが、それが難しい場合もあるでしょう。教室に置いていない本の紹介をする場合、どこに行けばその本を読むことができるのかも伝えるとよいでしょう。

―― ここがポイント ――

❶ 「図書係」などの読書に関わる係は、おすすめの本を紹介することが多いでしょう。例えば、学級全員にアンケートをとって選んだ本を紹介する「今週のおすすめ本コーナー」をつくったり、本の紹介新聞をつくって掲示したりするなどの工夫も考えられます。子供たちの発意・発想を生かした活動になるように、教師が適切に助言したり指導したりしましょう。

❷ 読書コーナーを「図書係」などの活動としてつくる場合には、学校図書館に行って実際にどんな工夫をしているか見てきたり、学校図書館司書や司書教諭などの専門家に聞きに行ったりするなどの活動も考えられます。

指導のねらいを明確にした外国語活動コーナーづくりの工夫

ぽかぽか一言イングリッシュを集めよう！

ねらい

相手の思いを受け止めたり同意したりする際の表現を集め、日頃のコミュニケーションの中で活用できるようにするための外国語活動コーナーをつくりましょう。

 ## シンプルな表現で、思いを込めて

　学級経営を進めていく上で、子供たちがどのように友達と関わり合っていくかが重要になってきます。それは、どのような言葉や表現を使ってコミュニケーションをとるかによって、築かれる人間関係が大きく異なるからです。例えば、"I like music." と友達に伝えた際、"Good" や "Me, too." と共感してもらえると嬉しくなります。聞き手の友達も、同じように思いを受け止めたり共感したりしながら聞くようになるでしょう。

　相手の思いに反応する表現の観点として、**「シンプルな表現」「生活の中で聞いたことがある表現」**等が挙げられます。実際に教師が子供たちとのコミュニケーションの中で使用し、「ぽかぽか」を実感できるようにしましょう。そうすることで子供たちは、相手の思いを受け止めたり共感したりするコミュニケーションの取り方に気付きます。そこで、どのような反応の表現があるのか、どのような場面で使えるのかを理解できる外国語活動コーナーの掲示物をつくりましょう。

第1章 ちょっとひと工夫！ 4年生の教室環境づくり

▼「ぽかぽか一言イングリッシュ（場面：共感・同意）」

　学習や日常生活の中で得られた「共感」や「同意」で使われる表現を子供たちにも分かりやすい形で掲示します。掲示物には子供が参加できるコーナーを設けることで、体験として学ぶことができます。

——— ここがポイント ———

❶ 表現をただ羅列するのではなく、場面に沿って整理するようにしましょう。そうすることで、場面に合わせて伝えたい表現を使えるようになります。

❷ 学習して知った表現や、日常生活の中で得られた表現等を、随時加えられるように工夫しましょう。

❸ シール等を活用して、実践した言葉（黄色シール）や、相手とのコミュニケーションで「ぽかぽか」を実感できた言葉（ピンクシール）を視覚化できるようにしましょう。それらの数によって、それぞれの表現の使いやすさや、有効性を認識しやすくなります。

教師のねらいや意図を明確にした教室掲示の工夫

教室掲示を教師からの「メッセージ」にしよう

ねらい

日常的に目にする教室の掲示物は、子供たちにとって大切な教育環境です。教室掲示は、教師のねらいや意図、思いや願いなどを子供たちに視覚的に伝える「メッセージ」になるからです。そこで、「メッセージ」としての教室掲示について考えてみましょう。

 教師のねらいや意図を明確に

一般に、教室にはたくさんのものが掲示されています。4年生の教室でも様々な目標のポスター、学年だより・学級通信、係活動の計画表、子供の作品、学級生活や学習の足跡など、たくさんのものが限られたスペースに貼られていることでしょう。これらは一つ残らず、教師の教育的なねらいや意図、思いや願いなどを伝える「メッセージ」です。そこで、

・なぜ、これを掲示するのか
・どこに、どのように、いつ掲示すれば効果的か

などについて考え、工夫することが大切です。

掲示物が多すぎると、情報量が多すぎることになるので、受け手である子供たちは混乱します。また、掲示物を長期間貼り続けると、子供たちにとって日常的な風景となってしまい、肝心の「メッセージ」が伝わらなくなってしまいます。もちろん、年間通して掲示することに教育的意義があるものもあるでしょう。

大切なのは、教室掲示についての教師のねらいや意図を明確にすることです。

第1章　ちょっとひと工夫！　4年生の教室環境づくり

　みんなで協力してつくった学級のシンボルは、学級目標にある「協力する」ということの意義を、具体的なメッセージとして子供に伝え続けるために、年間通じて掲示します。

　学級の歴史を記したカレンダー。毎月子供たちがつくったものを重ねて掲示しますが、学期末や学年末などの機会に、期間限定で教室中に掲示します。みんなで感想を語り合うなど、学級生活を振り返り、次へ生かします。

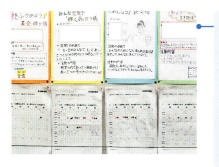

　係活動の基本計画表（ポスター）は、一人一人の役割を明確にし、みんなで分担、協力して学級生活をつくっていることが伝わるようにします。月・週ごとの計画表等は、適宜貼り替えたり、重ねたりして、子供の手によって更新することが大切です。

———— ここがポイント ————

　中・長期間掲示するものと、短期間掲示するものとで分けて考えましょう。目標などは年間通じて掲示したり、係活動の計画表や子供の作品などは期間を決めて掲示したりします。みんなで振り返り、頑張ってきたことや学級生活が向上してきたことに気付くことにより、前向きに頑張る力につなげます。例えば、壁面に掲示している「○○係さんへ」など、係へのアドバイスや感想などを掲示して交流できるようにすると、活動が活性化します。

係活動を充実させるための掲示の工夫

係活動計画表を活用しよう

ねらい

係活動の充実は、学級文化の醸成につながります。委員会活動で忙しくなる高学年に比べ、4年生はじっくり係活動に取り組むことができる大事な時期です。充実した活動にするために、活動計画表を活用しましょう。

 ## いつまでに、何を、「だれが」

活動の見通しが可視化されることで、子供は意欲的になり、安心して活動できるようになります。3年生までに活動計画表を活用してくると、その経験を生かすことができます。4年生になると、より長い期間にわたって活動を計画し、ダイナミックに実践できるようになります。教師は、そのような活動を進めるのに効果的な活動計画表のイメージをもち、子供に提示します。

活動計画表の内容や記入欄として、あるとよいのは**「日程」「何をするか」**そして**「だれが」**です。「日程」と「何をするか」は子供たちに任せていても書けることがあります。しかし、気付いたら「一部の子供だけで活動していた」「だれが担当なのか分からなくなり、活動が滞っていた」ということはないでしょうか。そこで大切なのが、「だれが」を書くことです。そうすることで、役割が明確になり、協力し合って仕事をするようになります。また、活動後の振り返りで、互いの活動を認め合う際にも役に立ちます。付箋紙などを用意しておくことで、子供が活動中にも、コメントを書いて貼り合うことができます。活動計画表を貼りっぱなしにせず、子供の手により更新していくことで、係活動の充実につながります。

第1章　ちょっとひと工夫！　4年生の教室環境づくり

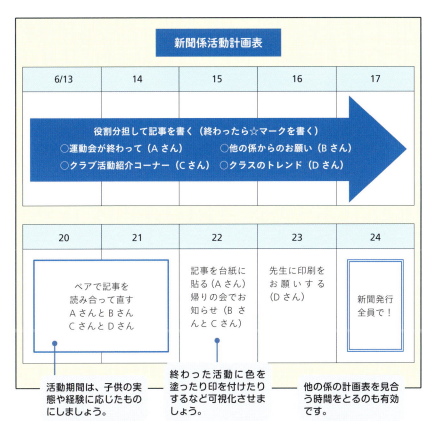

― ここがポイント ―

　子供たちの活動経験が少ない場合、最初は書き方について教師が説明したり一緒に書いたりする必要があります。将来的には子供たち自身で書き、変更を書き加えるなど、活用できるようにしたいものです。

掲示物で学びの足跡を残す工夫

学んだことをいつでも活用できるように掲示しよう

ねらい

学んだことを整理し、掲示物にして残すことで、他の学習でいつでも活用できるようにしましょう。

「学び」を整理して掲示する

　教室内に「学びの足跡」を掲示することは、よく行われていることでしょう。しかし、その掲示物は十分に活用されているでしょうか。

　「学びの足跡」を掲示するのは、それを活用するためです。子供たちがその掲示物を見て、それを活用して次の学習課題に取り組むことができるようにしたいものです。そのためには、学びの内容を少し整理して示す必要があります。情報が多すぎると、受け手である子供にとって、分かりにくいものになってしまいます。

　整理の視点は教師のねらいです。今後の学習で子供たちに何を活用してほしいのかを考えて、掲示物をつくるとよいでしょう。

ポイント①

どの教科等でも活用できる「ノートのとり方の基本」。シンプルに単語で表現します。

第1章 ちょっとひと工夫！ 4年生の教室環境づくり

ポイント②
左：学級会での学び
右：様々な学習で活用できる「質問のしかた」

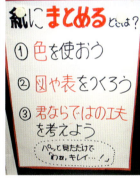

ポイント③

調べ方、観察の仕方などを、視覚に訴えたり端的に箇条書きにしたりします。

― ここがポイント ―

　掲示物を通して子供に伝える情報は、端的に示すことが大切です。そうすることで、次の学習や教科等の学習でも活用しやすくなります。子供は、掲示物をいつも立ち止まってじっくり見るわけではありません。情報を取捨選択したり表現を工夫したりして、子供に伝わりやすい掲示物をつくりましょう。

互いに認め合える作品掲示の工夫

「見合う」「伝え合う」掲示物にしよう

ねらい

図画工作の作品を、友達同士見合ったり、感想を伝え合ったりする環境を整え、安心して作品づくりに取り組めるようにするとともに、次の作品づくりへの意欲を高めましょう。

認め合い、伝え合う場を

図画工作の時間、自分の作品づくりに夢中で取り組む子供が多いと思います。時には迷い、友達の作品を参考にして発想を広げる子供もいるでしょう。また、作品づくりの途中で、「○○さんが思いついた表現、面白いね」という会話もあると思います。しかし、作品づくりの最中に感想を伝え合う時間を取ることはなかなか難しい面もあります。

そこで、ここでは、完成した作品を鑑賞し合う中で、いいなと感じたところ、真似したいなと思ったところを伝え合い、意欲を高めていく方法を紹介します。友達の作品を見合うことが日常的になると、他教科等でも自然に互いを認め合う場面が出てきます。

STEP 1 作品を展示する

まず、作品ができたら作品カードを一人一人が書きます。その際、どの部分を工夫したか、見てほしいかを明確に書くように指導します。

〈例〉
```
名前
題名
工夫したところ・見てほしいところ
```

STEP 2 友達の作品を鑑賞する

　鑑賞する視点を明確にし、鑑賞時間を取ります。その際、付箋紙を活用し、見付けた工夫や、よいと感じた点を書きます。付箋紙の数が偏りすぎたり、見てもらえない子供がいたりしないように、必ず鑑賞する友達の条件を伝えます。隣の席の人、班の人、同じ係の人などその都度条件を変えてもよいでしょう。教師は、途中で偏りがないかなどについて必ず確認し、必要に応じて声をかけるなどの配慮をしましょう。

STEP 3 作品カードに付箋紙を貼る

　「○○さん、絵の具の水の量を工夫して、徐々にぼかしていったんだね」「□□さんのこの絵の構図、すてきだね。私には思いつかなかったよ」などと書いたことを伝えながら、本人に付箋紙を渡します。もらった後は、作品カードに付箋紙を貼ります。他の友達も、「私も同じことを思ったな」「なるほど、そういう感じ方もあるんだな」と展示物を見る視点を増やすことができます。

ここがポイント

❶作品を展示してからが大事な時間です。しっかり鑑賞時間を取り、学級の友達同士の認め合いの場にします。共に高め合う子供を育てましょう。

❷友達同士が気軽に鑑賞し合えるように、付箋紙を活用し、互いに認め合ったことを伝え合えるようにしましょう。長い文ではなくても伝えることが大切です。他教科等でも気軽に認め合う場面をつくるとよいでしょう。

学級の足跡を残すことで学級への所属感や連帯感を高める工夫

学級のあゆみカレンダーをつくろう

ねらい

学級のあゆみや思い出を形にして残すことで、自分たちの成長を振り返るとともに、学級への所属感や連帯感を高めます。

学級のあゆみは子供たちにとっての宝物

　係活動の掲示、学習の掲示、作品の掲示など、教室内に数ある掲示物の中でもぜひ取り組んでほしい掲示物が、**学級のあゆみを残す掲示物**です。子供たちにとって学校で過ごす日々が一番の思い出。そんな毎日を形にして残すことができれば、これ以上ない宝物になります。カレンダーづくりなどを通して、自分たちの成長を振り返るとともに、学級への所属感や連帯感を高めることができます。学級のあゆみを残す掲示物には、様々な方法が考えられますが、ここでは、**カレンダーでの掲示物**を紹介します。

　まず、模造紙などでカレンダーをつくりましょう。子供たちは、1日1枚、印象深い出来事や1日過ごした感想などをコメントに残して、カレンダーのその日の枠に貼っていきます。学期末や学年末等の節目で毎月のカレンダーを見て、学級のいろいろな出来事を振り返り、自分たちの成長を確かめることができます。

　その他、学級でオリジナルのカレンダーをつくる工夫はたくさんあります。子供たちが話し合って、自分たちの手でカレンダーづくりに取り組むこともできます。年度末に向けて「5年生まであと○日」というような、カウントダウンカレンダーをつくるのも楽しいでしょう。学校生活の楽しくすばらしい毎日を、学級のあゆみとして残し、子供たちの宝物にしましょう。

第1章　ちょっとひと工夫！　4年生の教室環境づくり

▼学級のオリジナルカレンダー

―――――― ここがポイント ――――――

❶カレンダーの空いたスペースには、その月に合った絵を描いたり、一人一人のコメントを貼ったり、学校行事や学級集会の写真を貼ったりするなど、学級の"らしさ"が詰まったカレンダーにしましょう。

❷カレンダーを掲示するに当たっては、カレンダーを掲示する場所をよく考えましょう。教室内には、他にも様々な掲示物が掲示されているはずです。1年分のカレンダーが掲示されることを踏まえて教室内に掲示しましょう。また、採光の関係で窓側には貼らないなどの配慮もします。

037

第2章

これで完璧！
4年生の学級づくりのコツ

1年間を通して意図的・計画的な学級づくりするために

学級づくりの「夢」を描こう

ねらい

活動範囲や友達との人間関係も広がり、高学年への入り口ともなる4年生。子供が協力して楽しい学級生活を築けるよう、学級担任として1年間をよく見通し、学級経営の構想を立てましょう。

子供同士の人間関係を築く学級経営

学級経営のスタートに当たり、1年間を見通した学級経営の方針を考えることが大切です。その際には、**学校教育目標のもと、4年生としてどのような力を身に付ければよいのか（学年教育目標）を踏まえて考えます。**4年生は、高学年につながる大切な1年となります。子供が高学年として活躍できるよう、4年生の1年間をどう過ごせばよいかを考えましょう。

まずは、1年後に目指す子供の姿を思い描きます。そして、各学校ですでに決まっている学校行事や児童会活動などの年間の予定を確認し、学期ごとの指導のねらいを考えます。また、各教科等の年間指導計画を確かめ、教科間の関連を図ったり、年間を通した手立てを考えたりします。

4年生では、学校行事等で学年全体での活動が増えるとともに、クラブ活動で5、6年生との交流も始まります。そのため、学年の担任間での連携が重要になります。

学校教育目標
↓
学年教育目標
↓
学級経営目標
学級経営の方針等

1年間、「協力」を学級経営の柱にしたいな。そのために、1学期の宿泊体験学習、2学期の音楽会を…

学級経営の構想ノートの例

学期	指導の ねらい	学校行事 児童会活動	学級活動	道徳	教科学習	総合
1学期	知り合う	始業式 1年生を迎える会 宿泊体験学習	・係決め ・よろしくね集会 ・学級目標	・めあてをもって ・力を合わせて		体験学習を成功させよう ケアプラザに行こう
2学期	関わり合う	運動会 読書週間 児童音楽会 人権週間	・係活動PR集会をしよう ・ぽかぽか言葉を集めよう		(体)運動会に向けて (音)合唱・リコーダー (国)ごんぎつね読書会	ケアプラザの人たちと交流しよう
3学期	認め合う 高め合う	学習発表会 6年生を送る会	・係活動まとめ ・3年〇組お別れ集会	・感謝の気持ち		学習発表会 10歳を祝う会

- 「学級集団づくりのおおまかな指導のねらいを示す。」
- 「関連が図れるものを矢印でつなぐ。」
- 「学校で予定が決まっていることから埋めていく。」

1年間の目標を立てた上で、学期毎に行事や教科等との関連を図ったり、目標達成に向けた手立てを考えることが、よりよい指導につながります。

―― ここがポイント ――

❶ 学級経営の構想をもって日々の学級経営に臨むと、子供や学級の実態が見えてきます。一人一人のその子供らしさをとらえ、その実態をもとに指導を考えましょう。

❷ 4年生の子供たちは、自分たちで小さな集団をつくり、自主的に活動しようとする意識が強くなります。自分たちできまりをつくって守るなどして、よりよい生活を自分たちで築こうとする態度を育てましょう。

❸ 学校や学年の指導方針のもとに、自分がどんな学級経営をしていきたいのかを考えることが大切です。管理職等に相談をしながら構想しましょう。

みんなで目指す学級像を共有するために

学級の「合言葉」を つくろう

ねらい

学級づくりのねらいの一つは、一人一人の子供が主体的・協働的に学んだり行動したりできるようにすることです。そのためには、子供たちが「目指す学級像」を共有することが大切です。ここでは、その手立てとして「合言葉」づくりについて考えてみます。

世界で一つだけのオリジナルな「合言葉」に

　年度当初、学級担任は学校教育目標と学年教育目標に基づき、学級目標（学級経営目標、学級教育目標等と呼ぶ学校もあります）を設定します。これは、教師の願い、保護者の願い、地域の願い、そして子供の思いを踏まえたもので、学級活動等を通して子供たちと共有していきます。

　一方で、この学級目標を踏まえた上で、子供たちが「目指す学級像」をより具体的にイメージし、共有するための手立てとして、学級の「合言葉」（あるいはテーマ、スローガン等）を決めるという自主的、実践的な取組も見られます。いずれにしても、教師が設定する学級経営目標、学級教育目標等を明確にし、それを子供に伝え、共有しておく必要があります。

　「合言葉」を学校生活の様々な場面で活用し、みんなで協力して「目指す学級像」に近付け、高学年に向けて充実した1年にできるとよいでしょう。

　学級の「合言葉」に基づいていろいろな活動に取り組むことは、その学級ならではの文化につながります。世界で一つだけのオリジナルな「合言葉」をつくり、学級生活を豊かにしたいものです。

第 2 章　これで完璧！　4 年生の学級づくりのコツ

「絆戦隊　シャチャレンジャー」

　「(群れで行動するという) シャチのようにみんなで協力して、何事にもチャレンジすることを目指す」という意味が込められています。シャチャレンジャーは、シャチとチャレンジャーを合わせた造語です。

「ファイヤーバード　K2」

　子供たちにとっては (3 年生のときの合言葉だった) ファイヤーバードの進化形という位置付けです。「『もっと』みんなで協力して、火のように燃えて何事にもチャレンジすることを目指す」という意味が込められています。

――― ここがポイント ―――

❶ 学級目標（学級経営目標、学級教育目標等）や教師の願いを、教師の話や行動、日常の指導等を通して子供たちに伝え、共有した上で、子供たちの思いを生かして合言葉をつくることが大切です。

❷ 4 年生における学級活動や学校行事をはじめとして、各教科等の学習や日常の学校生活の様々な場面で「合言葉」を活用していきましょう。

年間を通して継続的に子供の力を伸ばすために

日々の成長が見える朝の会・帰りの会にしよう

ねらい

「朝の会」や「帰りの会」を毎日行うということは、年間を通して多くの時間をこの活動に使っているということです。1日1日をつなげて指導することで、子供たちの力を伸ばしていきましょう。

 ## めあてと振り返り、毎日新しい主役

　1日の始まりと終わりにある「朝の会」「帰りの会」では、毎日めあてを確認し、その日の終わりに振り返り、それを次の日に生かす活動を行いましょう。授業や掃除など、日々の活動には教師のねらいがあり、子供のめあてがあるものです。めあてを明確にして活動し振り返ることで、自分たちの成長を実感したり課題を見いだしたりすることができます。

　まず、**「朝の会」では、健康観察や連絡など、1日を過ごすために必要なプログラムだけでなく、子供たちがめあてを確認する時間を設けましょう。「帰りの会」では、めあてを振り返り、次の日のめあての中心となることを共有する時間を設けましょう。** そうすることで、子供たちがめあてをもって1日を過ごすことができるだけでなく、日々、自分たちの生活を見つめ、よりよくしていく力を高めることができます。

　また、会を進める子供（日直など）にとって「朝の会・帰りの会」は主役として活躍するチャンスです。話合い活動の簡単な司会を務め、話合いを進めることができるようにします。この役割を輪番制にしていくことで、子供たち一人一人の力を高められるようにしていくことも大切です。

「スピーチ」

1分間程度、進行役担当の子供が、自分が興味をもっていることや、学校行事への意気込みなどをクラスのみんなに伝えます。

「挨拶」「健康観察」

挨拶は子供たちの状態を確認し、気持ちよい1日をスタートするために重要なものです。表情や声の大きさ、調子などをしっかりと見ながら行いましょう。

【会のプログラム例】

【朝の会】
1. あいさつ
2. 歌
3. 健康観察
4. スピーチ
5. 今日のめあて
6. お知らせ
7. 先生から

【帰りの会】
1. めあてのふり返りと明日のめあて
2. ○○さんのナイス
3. お知らせ
4. 先生から
5. 帰りのあいさつ

「歌」

係が提案した歌や学級の歌などを明るく元気に歌いましょう。

「お知らせ」

係からの連絡やみんなへのお願いなどを伝えます。係活動など学級活動の活性化にもつながります。

「今日のめあて」「めあてのふり返り」

「帰りの会」で振り返りを行い、次の日のめあてを立てます。ここで、司会は簡単な話合いを進める経験をすることができます。そして、次の日の「朝の会」では、立てためあての確認を行います。

「○○さんのナイス」

友達とよさを認め合う機会をつくります。そうすることが、自己有用感等の高まりにつながります。ただし、同じ子供ばかりが取り上げられるなどの偏りがないようにします。「今日の日直さんについて、毎日二人ずつ言う」などのルールを決めてもよいでしょう。

―― ここがポイント ――

めあては、学級目標に関わるものにするとよいでしょう。そうすることで、学級目標を日々の生活の中で意識して活動することができます。

日直で自治的能力を育てるために

日直を1日の リーダーにしよう

> **ねらい**
> どの子供も安心して日直の仕事に取り組むことができるようにして、協力して自分たちの学級生活をつくることができるようにしましょう。

どの子もできる、どの子もリーダーになる

　日直は、1日の学級生活のリーダーです。学級生活が気持ちよく進むようにします。そのために、まずは、どの子供も日直の仕事に取り組むことができるように、仕事の明確化や視覚化をします。どの子供も安心して日直の仕事に取り組むことができ、「自分はちゃんと仕事をしたぞ」と満足感や達成感を味わうことができます。

　また、日直の仕事を4月に決める学級も多いと思います。そのまま年度末まで同じ内容を繰り返すのではなく、年度の途中で子供と一緒に見直し、学級生活をよりよくする機会にします。子供たちが協力して学級生活を進めたり、自分たちの思いや願いを生かして1日を過ごしたりすることができるように、仕事内容を考え実践することは、創意・工夫する力を育てるチャンスになります。

　日直は、基本的に日替わり輪番制の当番活動です。どの子供も日直の仕事ができた満足感や達成感を味わい、リーダーの経験をすることができるようにしていきます。また、責任をもって役割を果たすことで、自己有用感の向上にもつながります。

朝の会、帰りの会のメニュー表

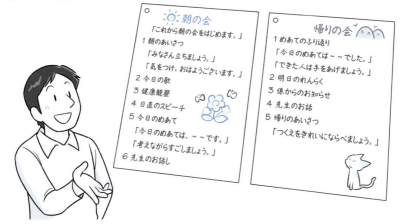

　朝の会・帰りの会は、メニュー表を作成して流れを明確にすることで、どの子供も自信をもって仕事を進めることができます。

仕事ができたら、札を返す

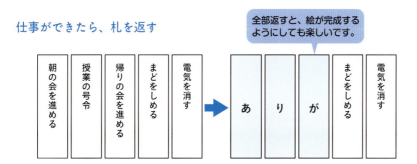

全部返すと、絵が完成するようにしても楽しいです。

　1日の日直の仕事を教室に掲示し、やり遂げたことが視覚からも分かるように工夫します。

── ここがポイント ──

　どの子供も日直の仕事をやり遂げた実感を味わえるようにしたいものです。そこで、教師が声をかけたり、友達同士で認め合ったりして手立てを工夫し、満足感や達成感、自己有用感などを味わうことができるようにする必要があります。

学級での役割を明確にして所属感を高めるために

当番活動で協力し合う学級をつくろう

ねらい

子供が学級での自分の役割を理解し、主体的に当番活動に取り組むことができるようにして、学級への所属感や自己有用感を高めましょう。

「協力する」を具体化する

　学級経営において、友達と協力する子供を育てることは大切です。しかし、教師が「友達と協力しよう」と呼びかけるだけでは、実際に協力する子供は育ちません。協力とは具体的にどうすることかを、自らの活動を通して体験的に学ぶ必要があります。

　学級生活を送るために必要な仕事をみんなで分担する当番活動は、協力することの具体的な表れの一つです。給食当番、掃除当番、日直などの当番活動やグループ内の一人一役の当番活動等で一人一人が自分の役割を果たすことが、よりよい学校生活をつくるための「協力」であることを理解できるようにしたいものです。そのためには、子供が自分の役割を理解し、主体的に取り組むことができるようにする必要があります。そのことを通して、自分も友達も学級の一員だという所属感を高めることができます。さらにそれを互いに認め合うことで、自分の活動がみんなのために役立っているという自己有用感を高めることもできます。

　このような子供の姿を実現するための工夫として、ここでは、生活グループ（班）内での役割分担と、それを活用した掃除当番の分担例について紹介します。

生活グループ（班）内の当番活動

座席が近い人との小グループである生活グループ（班）ごとに活動することは、学習面でも生活面でも多いものです。そこで、グループの中で役割を決め、当番活動を行います。

4人グループの場合

- リーダー（班の友達に声をかけたり、それぞれの役割を手助けしたりする）
- 集め（授業終了後にプリントやノートを集める）
- 配り（授業で集めたプリントやノートをグループの友達に配付する）
- 記録（掃除当番表の振り返りを書く、グループの意見をまとめて書くなど）

この他に、学習リーダー、生活リーダー、給食リーダー、清掃リーダーなどが考えられます。座席替え後、すぐに役割を決めます。小グループでの役割なので、普段友達をまとめることを恥ずかしがる子供も取り組みやすいというよさがあります。一定期間で役割を交代する（輪番制にする）とよいでしょう。

掃除当番（グループの役割を活用して、当番の仕事を決めます）

〈当番表の例〉

例えばリーダーが、月曜日にほうき①を使ったら、次の日はほうき③を使います。毎日自分の役割を確認してから、掃除に取り組みます。
その際、ほうきにも①②などの表示をしておくので、うっかり道具を片付け忘れていても、声をかけやすいです。

── ここがポイント ──

役割を明確にするということは、自分の役割だけでなく、友達の役割は何かについても分かりやすくするということです。そうすることで、互いに声をかけ合ったり、困っている友達に対して進んで手伝ったりして、「みんなで協力し合っている」と実感できるようにしていきます。

主体的に係活動に取り組めるようにするために

見通しをもって係活動に取り組む工夫をしよう

---- **ねらい** ----

係活動に主体的に取り組むことができるように、一人一人の子供が見通しをもって計画的に活動できるような指導を工夫しましょう。そして、活動経験を積み重ね、それが高学年で取り組む委員会活動にもつながるようにしましょう。

 見通しをもって計画的に活動できるように

　係活動は、いくつかの係に分かれて、それぞれ自分たちが考えたことに自主的、実践的に取り組み、学級生活を楽しく豊かにする活動です。多くの子供たちは係活動に喜んで取り組み、熱中します。

　しかし、高学年になるにつれて、委員会活動や学校行事等の活動で、十分に係活動の時間を確保することが難しくなることもあります。そのため、中学年のうちに、子供たちが創意工夫して係活動にたくさん取り組めるように、活動の場や時間を確保するようにしましょう。

　4年生の係活動では、特に、見通しをもって計画的に活動できるようにしていくことが大切です。**自分たちで活動する日や時間、場所などを決め、それに基づいて活動できるようにすることは、高学年の委員会活動にもつながります。** また、活動計画が書かれた係カードをつくって掲示し、振り返りに活用したり、活動の節目ごとに発表会を実施したりすることは、子供が見通しをもって計画的に活動するための大切な支援です。

見通しをもって計画的に係活動に取り組む工夫

その1:係カードをつくって掲示しよう

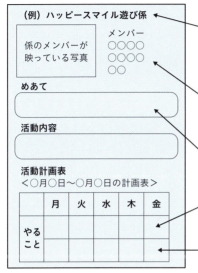

創意工夫のある活動にしていくために係のネーミングを工夫します。何の活動をするか分からないようなネーミングは直しましょう。オリジナルの係名が活動意欲を向上させます。
(例) 遊び係→ハッピースマイル遊び係
　　　飾り係→教室デコレーション係
　　　音楽係→わくわくミュージック係
　　　新聞係→○組発!情報おとどけ新聞係

全員の名前を書きましょう。その際、社長、部長のように子供に優劣を付けないように配慮します。

自分たちの活動で学級をどうするか、どんな学級にしていくかという視点で書きます。

週のはじめに係ごとに計画を立てます。子供たちが、1週間の活動を見通しをもって計画的に進めることができます。

計画通りに活動したら、シールを貼ったり色をぬったりします。達成を可視化することで意欲が向上します。

その2:係コーナーをつくろう

その3:係発表会をしよう

係ごとに活動を報告したり、みんなを楽しませるゲームや体験などを行ったりします。活動後は、「ありがとうカード」を書いて交換し、互いのよさや頑張り、認め合いにつなげます。

---- ここがポイント ----

見通しをもって計画的に活動できるようにするためには、行事予定や次の係編成替えまでの期間などを、あらかじめ示しておく必要があります。学級カレンダーなどをつくり、係活動についての予定を書き込み、それを掲示しておくなどの工夫が考えられます。

集会活動を通して学級を成長させるために

「協力」を実感できる学級集会にしよう

ねらい

集会活動を通して、集団で活動することの楽しさや自他のよさを感じられるようにすることが大切です。みんなで協力して集会をつくっていることが実感できるように、指導を工夫しましょう。

📖 他の係やグループの活動が「見える」ようにする

　集会活動では、一人一人の子供に役割や出番があることが大切です。自分の役割に主体的に取り組んだり、友達と認め合ったりすることを通して、学級みんなで協力して集会をつくっていることを実感できるからです。

　また、集会の準備は、いくつかの係やグループに分かれて行うことが多いですが、他の係の活動内容が分からないと、学級みんなで協力しているという実感をもつことが難しいでしょう。そのため、それぞれの係やグループの活動の様子が**「見える」**ようにする手立てが必要になります。

　そこで、ここでは、係やグループごとに、どのようなめあてを立て、どのような思いをもって活動を行っているのか、どのような問題が出てきているのか、などを視覚的にとらえるための工夫を紹介します。

実践例

①集会のめあて、役割ごとのめあてを掲示する。
②役割ごとに活動計画を書き込む。
③活動していく中で、カードに書き込んで貼る。
　※形は学級目標や集会に関わるものがよい。また、色で区別することもできる。

△**カード**：話し合ってほしいこと　　□**カード**：みんなへのコメント
○**カード**：お願いしたいこと（アンケートなど）　◇**カード**：やったこと

集会のめあて		%/△	%/△	%/△	%/△	%/△	%/△	%/△	
プログラム係のめあて	プログラム係	□◇	□◇	◇	△○	◇	□		集会当日
司会係のめあて	司会係	□	□◇	○	□◇	□	□		
○○係のめあて	○○係	◇	△	○	□	□△	◇□		
○○係のめあて	○○係			◇		□	□		
○○係のめあて	○○係	□◇	□	△	□	□	□		
○○係のめあて	○○係	□	○		□△	□	□		
○○係のめあて	○○係	◇	◇	□	◇	□○	□		

この枠に係の活動計画を書きます。こうすることで、見通しをもち、他の係の活動もとらえられます。

このような掲示物と合わせて、集会活動のカードを使って、個人の振り返りを書いたり、友達の頑張りを見付けて書き込む欄を設けたりして、認め合いができるとよいでしょう。

―― ここがポイント ――

　集会活動を指導する際、例えば、次のようなポイントを意識するとよいでしょう。①教師が指導のねらいを明確にもつこと、②活動のめあてを明確にすること、③振り返りでは、よさや頑張りを大切にして子供同士で認め合ったり、教師が価値付けたりしていくこと。

保護者も安心の学級経営を目指すために

子供の様子が伝わる学級通信をつくろう

--- **ねらい** ---

学級通信は日常の子供の様子を伝えるよい手段です。学級通信を通して子供の様子を伝え、保護者が安心できるような学級経営を目指しましょう。

📖 学級通信を発行するよさとは？

学級通信を発行する利点として、次のような点があげられます。
○子供の学校での様子を保護者に伝えることができる。
○教師の学級に対する思いや願いを保護者に伝えることができる。
○子供の学習の成果物や名前を紹介することで、一人一人のよさを伝え、意欲を引き出すことができる。

今、学級で学習していることや、そのときの子供の様子など、タイムリーに学級の出来事を伝えることができます。 教師の思いや願いを伝えることで、保護者と共に子供を育てていこうという気持ちを共有することもできるでしょう。また、学級通信を通して、家庭で保護者と子供が話すきっかけにもなります。子供の作品や名前を通信に掲載することで、子供たちの意欲を向上させることにもなります。通信で学級の様子を伝えることは、保護者だけではなく、子供にもよい影響を与え、学校への信頼が高まることにつながります。

学校でこんなに頑張っているんだ！

第2章 これで完璧！ 4年生の学級づくりのコツ

学級通信の見本

タイトル
学級目標や合言葉を生かしたタイトルにすると、子供も保護者も親しみやすくなります。

内容
子供たちの様子を詳しく書きましょう。また、教師の思いは短く明確に書くとよいでしょう。

写真
集合写真では全員が写っているかチェックしましょう。写真の掲載をしてもよいか、個人情報の観点からも保護者に確認することを忘れないようにしましょう。

子供の活動
活動中の子供の様子を具体的に伝えましょう。写真があるとその場の雰囲気がより伝わりやすくなります。

※子供たちの感想なども入れると、さらによいでしょう。その場合は、1年間で全員が必ず掲載されるように留意します。

― ここがポイント ―

❶ 毎週、毎月、不定期など、通信を発行する頻度をどれくらいにするかを決めておく必要があります。大切なことは決めたら年間を通して「続ける」ということです。発行することが目的ではなく、子供たちが生き生きと生活や学習に取り組んでいる様子が伝わるようにします。

❷ 子供の写真や作品を掲載する際には、各種のルールやガイドラインなどに従って、個人情報の扱いに注意しなければなりません。

❸ 学級通信は学校から出される文書ですので、発行するときには必ず管理職に目を通してもらい、許可を得る必要があります。

分かりやすく伝わりやすい学年だよりにするために

学年だよりは保護者との大切な連絡ツール

ねらい

学年だよりを通して、保護者は学校の情報を得ることができます。保護者の目線で分かりやすく伝わりやすい学年だよりをつくりましょう。

保護者の目線で分かりやすく

　学年だよりは、学年の様子や行事などを保護者に知らせる大切な連絡手段の一つです。そのためには、保護者に分かりやすく伝わりやすい学年だよりを作成することが大切です。

①誤字脱字に注意する

　誤字脱字は、文章が読みにくくなるだけでなく、保護者からの信頼を損ねる可能性があります。作成者が十分に確認するとともに、学年主任や管理職にもしっかり点検してもらいましょう。

②持ち物や用意をお願いするものは、詳しく書く

　図画工作、音楽、体育（水泳）などの教科では、その月によって用意するものが異なることがあります。家庭に用意してもらうものについては、個数や期日等を明記することで、保護者が見通しをもって用意できるようにしましょう。

③保護者が「知りたい」情報を書く

　学年だよりの最後に「お知らせとお願い」を記載します。保護者会がある月であれば、保護者会の日時、場所、時間、内容を書きます。また、通常の下校時刻の変更、給食の有無などは保護者にとって大切な情報です。字体を大きくしたり、太字にしたりと、重要であることが伝わるようにしましょう。

第 2 章 これで完璧！ 4 年生の学級づくりのコツ

タイトルを工夫することで、学年で目指している姿を教師・子供・保護者が確認できたり、愛着がもてたりします。また、その下のリード文には、挨拶とともに、子供の様子や行事などへの協力のお願いなどを記しましょう。

保護者はこの行事予定を見て、1か月の見通しをもちます。特別な時程や給食の有無、下校時刻などを記しましょう。

学習予定は、教科ごとに書くことで、学習の見通しをもつことができます。また、「図工」など単元によって用意してもらう必要があるものを記載しましょう。その際、「いつ頃まで」という時期も記します。

〈お知らせとお願い〉には、保護者へ行事などの詳細を記します。準備してもらうものは、期限や個数も記載するとよいでしょう。

―― ここがポイント ――

　紙面が文字ばかりになって読みにくくなってしまうことがあります。また、教師が使う専門用語を使ってしまい、保護者に分かりにくくなってしまうこともあります。読み手である保護者の立場に立って、読みやすく分かりやすい学年だよりをつくりましょう。また、必ず管理職に確認してもらってから発行しましょう。

057

子供との信頼関係を築く教師の話の聞き方の工夫

「待つこと」を大切にしよう

ねらい

4年生は、思春期にさしかかる時期です。教師の話の聞き方にも、3年生までとは異なる配慮が必要です。発達の段階に合った聞き方を考えてみましょう。

 待つ姿勢を大切に

4年生は、思春期にさしかかる時期で、体だけでなく心にも変化が見られます。そこで、3年生までとは異なる、4年生の発達の段階を踏まえた配慮が必要となります。

「先生、聞いて」と話しかけてくる子供が多かった3年生。しかし、心が成長してくると、子供の中に「これは言ってもいいのかな」「間違えたらどうしよう」という迷いが生じることがあります。これは、ある意味当然のことです。4年生ぐらいになると、自分のことを客観的に見ることができるようになってくるからです。

そんなとき、大切なのは**「待つこと」**です。全体の場でも、一対一の場でも、それは同じです。無理に子供の思いを引き出そうとしても逆効果になります。子供が、「自分から話そう」と思うようになるのを待ちましょう。中には、耳元でなら話すことができる子、後でそっと話しに来る子などがいます。一人一人のタイミングが違うため、そこを大切に受け止めましょう。

子供の話を聞くことができたら、子供の思いや伝えたいことなどを受け止めて、認めることが大切です。**「子供の心に寄り添う」**ことを、**「待つ」「認める」**という具体的な行動で表現しましょう。

3年生と4年生の違い

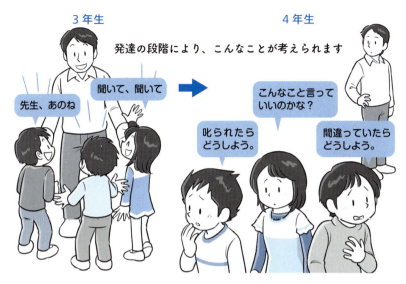

聞き方の工夫

―――――― ここがポイント ――――――

❶ 自分を素直に表現できなくなってくる子供がいる一方で、積極的な子供もいます。そういう子供の話もしっかりと聞きましょう。「あなたの話はいつも聞いているから、もういいよ」というマイナスのメッセージが伝わらないように気を付けましょう。

❷ 時には、話す内容が分かりにくい子供もいます。しかし、その子供も、何か思いがあって話をしてきます。普段なかなか話さない子供なら、なおさらです。大切なのは、しっかり最後まで聞くことです。できるだけ、子供の話を途中で遮らないようにするなど、共感的に受け止めることが大切です。

子供が自分で考え行動できるようにするための「褒め方・叱り方」の工夫

「褒める」「叱る」も大事なメッセージ

ねらい

褒めることも叱ることも、子供に指導したいことを伝えるメッセージであり、教師の大切な指導です。しかし、場当たり的に褒めたり叱ったりしては、子供との信頼関係はつくれません。子供の成長につながる「褒め方」「叱り方」について考えましょう。

褒め方のポイント～意識して見付ける

子供が頑張ったと思っていることを

他の子供には当たり前のことでも、その子供にとって頑張ったことを認めて、褒めることが大切です。その子供の意欲を高めることにつながります。日常の生活の中で、子供がしているよいことを意識して見付け、積極的かつ具体的に褒めましょう。

みんなのためになったことを

他の子供が気付かないことを、みんなのために率先して行動している子供を見付けて褒めることによって、その子供の自己有用感が高まります。学級全体でそのことを話す場面をつくることも、その子供のよさや頑張りをみんなが認めることになります。

第2章 これで完璧! 4年生の学級づくりのコツ

 ## 叱り方のポイント～ねらいや意図を明確に

基準を明確にする

「人を傷付けたとき」「学校のきまりに反することをしたとき」「危険なことをしたとき」など、**叱る基準を明確にして子供に伝えましょう。**その基準をもとに、子供は自分自身で考えて行動したり、互いに注意し合ったりするようになっていきます。

「その子」を否定せず、行為について叱る

なぜそうしてしまったのかという、子供の思いを受け止め、してしまった行為について指導しましょう。「その子が悪い」のではなく、**「その行為が悪い」**ということを意識することが大切です。同じ行動に対して、子供によって叱ったり、叱らなかったりすることのないよう留意します。

―― ここがポイント ――

❶ 子供を指導するねらいの一つは、「善悪を自分で判断し、行動できるようにする」ことです。先生に褒められる(叱られる)からする(しない)のではなく、自分で判断して行動できる子供に育てていきたいものです。

❷ 褒めることも叱ることも、教師から子供への大切なメッセージです。伝わらなければ意味がありません。タイミングを誤りメッセージが伝わらなければ、その指導は失敗です。褒めたり叱ったりするのは、今なのか、後でなのか、状況やその子供に応じて慎重にタイミングを見極めます。

❸ 4年生の子供に対しては、みんなの前で叱るのがよいのか、その子供と一対一になって叱るのがよいのか、よく考えます。これは、褒める場合も同様です。

こんなときどうする？ ①子供のケンカ

互いの「事実」を認めた上で指導すべきことを指導しよう

ねらい

子供同士がささいなことからケンカをしてしまうことは、よくあります。ケンカの原因について互いの言い分が異なるときに、どのような対応をするかについて考えましょう。

子供の「事実」は、主観的

　同じ出来事なのに、子供に話を聞いてみると、全く違うとらえ方をしていることがあります。しかし、多くの場合、それぞれの言い分はどちらも「事実」です。それは、それぞれの事実が客観的ではなく、主観的だからです。大切なのは、**互いの主観的事実を丁寧に聞くこと**です。

　ここでしてはいけないことは、どちらの言い分が事実であるかを判定することです。よく、周りにいた子供に話を聞く場面も見られますが、それによって、例えばAさんの「事実」が間違っている、Bさんの言っていることが正しいということになると、Aさんの気持ちはどうでしょう。人間関係を悪くしてしまうことも考えられます。互いの「事実」を丁寧に聞き取り、それぞれの「事実」を認めることが大切です。

　「なるほど。Aさんは、わざとぶつかってきたように思えたんだね」「そうか。Bさんは、急だったからよけられなかったんだね」。**教師がそれぞれの言い分を認めて、言いかえたり繰り返したりすることで、自分の行動を客観的にとらえることができるでしょう。**また、「先生は分かってくれている」と安心することもできるはずです。

ケンカの原因について話をするときの声かけ例

一旦、ケンカがおさまって落ち着いたら…

まずは、一人一人話を聞く

何があったの？

互いの事実を認めた上で、指導すべきことを

なるほど。AさんはBさんがわざとぶつかってきたと思ったんだね。でも、人を叩くのはよくないね。

そうか。Bさんは、急だったからAさんをよけられなかったんだね。校舎内で走ると危ないよね。

―― ここがポイント ――

　教師が互いの言い分を聞いた後、どちらが正しいということを判定する裁判官役になってはいけません。大切なのは、子供の心の声をしっかりと聴くことができる、教師としての耳（姿勢）です。対象となる人数が多い場合は、まず個別に話を聞き、全員の話が終わったら、顔を合わせて事実を時系列に沿って確認していきます。その際は、必ず記録をとるようにしましょう。

こんなときどうする？　②夏休み明けの指導

気持ちよく２学期のスタートをきろう

ねらい

夏休みが終わり、学校生活を楽しみにしてくる子供もいれば、不安を抱えてくる子供もいます。どの子供も気持ちよく２学期のスタートを切れるようにする方法を考えましょう。

夏休み中のしかけ、夏休み明け初日のしかけ

　夏休み明け、元気に登校する子供もいれば、不安を抱えて登校する子供もいます。一人一人が「夏休み明けの学校が楽しみだな」と思える工夫をしたり、不安を感じている子供へ寄り添う声かけをしたりすることが大切です。

　夏休み中、子供たちに暑中見舞いを出す場合は、クイズなどのしかけをしてみましょう。夏休み中に届く先生からの手紙は、学校生活を思い起こさせてくれます。その手紙にクイズを書いておき、「始業式の日に答え合わせをするよ」と一言添えるだけで、「答えは何だろう？」「あれかな、これかな」と考えて、夏休み明け初日の楽しみができます。一人一文字ずつひらがなを書いておいて、始業式の日に学級全員分を並べると文章になるというしかけもできます。**また、始業式の日の黒板には、子供たちへのメッセージも忘れずに。**「始業式、○時に出発」という指示だけでなく、「夏休みは楽しかったかな。話を聞かせてね」と、子供たちを待っていた気持ちを伝えます。

　表情や様子が気になる子供には、そっと声をかけましょう。手伝いを頼んで、一緒に荷物を運びながら話を聞き出すなどの工夫もできます。気になる子供の様子は、学年や管理職に相談し、意見を聞きながら、必要に応じて保護者への連絡をとりましょう。

第2章 これで完璧！ 4年生の学級づくりのコツ

「暑中見舞い」にひと工夫

始業式、黒板にはメッセージを

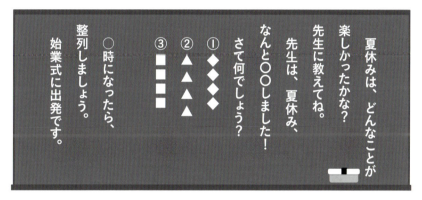

気になる子供には、話しやすい雰囲気づくりを

――― ここがポイント ―――

　夏休みという長い休みの間に、子供たちは様々な経験をします。よい経験は今後の学校生活に生かすことができるようにします。一方、不安を抱えている子供は、自分から教師には話しにくいものです。始業式の日、一人一人をよく見て、それぞれの気持ちや思いを把握できるように努めることが大切です。小さなサインも見逃さないようにしましょう。

こんなときどうする？ ③すぐに教師を頼ってくる子供

「先生の前にワンクッション」の工夫をしよう

ねらい

何かあると、すぐに「先生」と頼ってくる子供がいます。4年生になると、自分で考えて行動、解決できる子供が増えてくるので、頼ってくる子供が気になってしまうことがあります。このようなときの指導について考えてみましょう。

学級集団の教育力を生かす

　子供の課題を、すぐに教師が解決してしまうことはありませんか。または、「自分で考えなさい」と突き放してしまうことはありませんか。もちろん子供やその場の状況によりますが、いつもこのような対応をしていては、子供たちの力は育たないでしょう。

　なぜ、すぐに教師を頼るのでしょう。理由はいろいろ考えられます。①誰に聞いたらよいか分からない、②何と言って聞いたらよいか分からない、③友達に聞いてもよいということを知らない、④聞くことができる友達がいない、などです。そういった子供には、**教師に頼る前に、友達に相談することを提案しましょう。学級集団の教育力を生かします。**友達と助け合うことでさらに人間関係も深まります。しかし、ただ「友達に聞いてごらん」で終わってしまうと、誰にも相談せずに困ったままでいる子供も出てきます。

　まずは、何について困っているのかを聞きましょう。その後、誰に相談してみるとよいかまで、具体的に示唆します。それでも友達に聞くことができない場合には、何と言って聞いたらよいかも示しましょう。

第2章 これで完璧！ 4年生の学級づくりのコツ

　少し時間を置き、それでも解決しなければ教師に相談する、ということにするとよいでしょう。友達に相談すれば解決することを経験すれば、「まず先生」ではなくなります。

先生、困ったことがあります！

何に困っているの？話してくれないかな。
※ここでしっかり子供の話を聞いて、友達に相談してみることを具体的に示します。

実は、…なんです。

なるほどね。では…

①〈係活動についての相談〉
　休み時間に、係のメンバーで集まって相談してごらん。

②〈学習の相談〉
　同じ班の○○さんは算数が得意だよね。どんなふうに自主学習に取り組んでいるか相談してみたらどうかな。

③〈人間関係の相談〉
　なかなか友達には相談できないことだね。話してくれてありがとう。一緒に考えようね。

④〈物がなくなってしまった〉
　帰りの会でみんなに相談してごらん。「私の消しゴムがなくなってしまいました。ケースにピンクの犬の絵が描かれています。見付けたら教えてください」と言ってごらん（※学級全体に対して、記名についても、再度指導します）。

──── ここがポイント ────

　いつもは元気で、「先生、先生」と言ってくる子供も、時には、どうしても友達に相談できない悩みをもっていることもあります。そんなときに、いつも通り「友達に聞けるでしょ。相談してごらん」と言われてしまうと、もう誰にも相談できなくなってしまうでしょう。教師との信頼関係も崩れてしまうこともあります。一人一人に向き合って丁寧に対応しましょう。

こんなときどうする？　④「みんなでやりたいこと」が思い付かない子供

時には教師が情報提供しましょう

ねらい

　子供たちから「みんなでこんなことしたい」という声がなかなか出てこない場合があります。そんなときは、教師から情報提供してみましょう。

 ## 経験がないことは思い付かない

　「みんなで、『夏休み前の思い出づくり集会』がしたい」「係活動を頑張ってきたから発表会がしたい」、そんな新しいアイデアが子供たちから次々と出てきてほしいと思います。しかし、現実には、そのような声はなかなか出てきません。子供は、経験がないことは思いつかなかったり、提案しにくかったりするものなのです。そこで、時には教師が情報提供しましょう。

　「前の学級で運動会前に学級のみんなで団結したいから、『運動会団結集会』をしたことがあるよ」「今の６年生は４年生のとき学級カルタをつくったよ」など、情報提供をしましょう。多くの子供たちは、きっと「やりたい」と思うでしょう。今まで経験したことがない活動については、「やってみたい」と思うものです。楽しく活動ができたら、「今度は誰か、みんなの中から提案してくれるといいな。もし、心配だったら提案する前に先生に相談してもいいよ」と声をかけておくと、子供たちに変化が出てきます。

　子供から提案があったら、それを実現させることが大切です。もちろん最初は、たくさんの課題が出てきます。そんなときこそ教師の支援。自分たちの提案が実現したという経験を積み重ねていけば、それをもとに自分たちで発意・発想を生かして活動をする力が付いていくでしょう。

まずは教師がモデルに

　自分たちで活動をつくる力を高めるためには、まず教師が情報提供したり、上学年の取組を参考にしたりすることが大切です。いずれは、子供自身が「みんなでやりたいこと」を提案できるようにします。

経験がないことや新しいことを提案するのは難しい。

時には教師から提案してみる

みんながやりたいのは、こんな集会なのかな？

次の誕生日会は今までにやったことがない新しいプログラムを入れてみたらどうかな？

先生は、前の学校でこんなことやったことがあるよ。

○○さんが提案してくれたおかげで、楽しい活動ができたね。

経験の積み重ね

**自発的、自治的な活動が増えていくようにします！
「議題箱」なども有効に活用します！**

ここがポイント

　何よりも子供たちの発意・発想を大切にしましょう。しかし時には、実現不可能だったり、不適切だったりする提案をしてくることもあります。そこで「これは無理かな」とだけ言うのではなく、「なぜできないのか」「どこをどのように修正したらよいのか」を助言しましょう。必要に応じて、教師が一緒に考えることも大切です。

保護者との信頼関係を築き連携を深めるために①

保護者も参加する授業参観にしよう

― ねらい ―

保護者にも授業に参加してもらうことで、子供も保護者も楽しい授業参観にして、あたたかな雰囲気をつくり、信頼関係を築くきっかけにしましょう。

授業参観を「見るもの」から「参加するもの」へ

「初めての授業参観、どんな授業を行えばいいのだろう」「うまく授業ができるだろうか」。そんな悩みや不安を抱えている方も多いと思います。そんなとき、保護者の方々にも授業に参加してもらってはいかがですか。保護者の方々にも授業に参加してもらうことで、授業参観の雰囲気があたたかくなります。それは、教師と保護者の信頼関係を築くきっかけにもなります。また、子供たちにとっても、学習活動に目的意識をもって取り組むことができたり、表現する機会が増えたりするなどのよさがあります。

保護者は、自分の子供や学級の様子を「見るもの」として授業参観に来ています。教師もそのつもりで授業をすると、必要以上に緊張してしまいます。子供たちもその緊張感を感じ取って、一緒に緊張してしまいます。

そこで、保護者の授業参観に対する意識を「見るもの」から「参加するもの」に変えられるような授業を行ってみてはどうでしょう。例えば、子供に、「何人の保護者の方に伝えられるかな」と課題を与えます。少し恥ずかしそうにしながらも、親子交流の時間になって、喜ぶ保護者も少なくありません。授業の終わりには、保護者から感想を伝えてもらったり、子供たちへの感想を書いてもらったりすると、子供たちの学習意欲が高まります。

第 2 章　これで完璧！　4 年生の学級づくりのコツ

保護者が参加できるような工夫を

授業参観は、日常の授業とは雰囲気が異なります。子供たちが安心して学習したり発表したりできるように、事前の指導は十分にしておくことが大切です。

―――― ここがポイント ――――

❶ 保護者は、自分の子供の成長や活躍する姿を見に来ています。どの子供も活躍できるような学習内容であることを目指します。

❷ どの子供の保護者も授業参観に来られるわけではありません。子供同士でも感想を交流したり、保護者に書いてもらう感想を全員に書いてもらうよう声をかけたりするなど、保護者が来られない子供への配慮を忘れないようにしましょう。

071

保護者との信頼関係を築き連携を深めるために②

保護者同士で情報交換できる保護者会にしよう

---- ねらい ----

保護者会で情報交換タイムをつくることで、教師も保護者も十分にコミュニケーションをとり、保護者との信頼関係を深めましょう。

保護者が子育てのヒントを得られる機会に

　保護者は、忙しい中時間をつくって保護者会に来てくれています。せっかく来てもらっているので、保護者会の内容を工夫し、教師にとっても保護者にとっても、お互いに有意義な時間にできるよう努めましょう。

　まずは、子供たちの学校での様子や成長などをしっかりと伝えましょう。保護者の一番の関心事です。さらに、より実りのある保護者会にするために、保護者同士で情報交換をする時間を設けてみてはどうでしょう。近くに座った保護者同士でグループをつくり、話をしてもらいましょう。その後、各グループで話題に上がったことを全体で共有します。

　情報交換をすることで、教師が、子供たちの家庭での様子を知るチャンスになります。保護者にとっても、お互いの子育ての様子を知る機会になり、日頃の困っていることなどを相談する時間にもなります。

　保護者は、日々不安や焦りを感じながら子育てをしているものです。4年生にもなると、学習面でも生活面でも、その悩みは幅広くなっていきます。そんな中、保護者会で情報交換をしながら、自分の悩みに対する新しい考え方や解決策を提供し合うことができれば、保護者に喜んでもらうことができるでしょう。

子供たち一人一人の様子を伝える

保護者同士で交流する

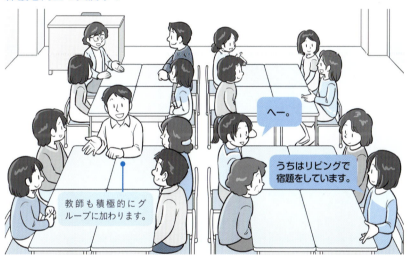

へー。

うちはリビングで宿題をしています。

教師も積極的にグループに加わります。

――― ここがポイント ―――

❶情報交換をするといっても、ただグループをつくるだけでは話は盛り上がりません。教師があらかじめ話題を絞って保護者に提案します。日頃の学校生活で、教師が気になっていること、子供たちの会話、様々な場面を振り返って、お互いに有益な情報になりそうな話題を考えましょう。

❷各グループで話し合ったことを全体で共有するにも、時間は限られています。各グループの話を最初から最後まで全てを聞くことはできません。教師も積極的に各グループの話に加わり、細かい話も聞くようにしましょう。

保護者との信頼関係を築き連携を深めるために③

「家庭訪問」「個人面談」で信頼関係を築こう

ねらい

家庭訪問や個人面談では、保護者と教師が、学校や家庭生活の様子や目指す児童像について共通理解を図り、信頼関係を築いていきます。

「家庭訪問」のポイント：丁寧な準備が大切

前日までに準備すること
○家庭訪問の実施計画を作成する（学校によって調整方法は異なる）

保護者の希望日程とそれぞれの住んでいる地域等を調整して、家庭訪問計画を立てます。移動時間もあることを考慮しましょう。兄弟姉妹関係にも配慮します。

○地図に子供の家の場所を調べて記録しておく

児童調査票等で子供の家の場所を調べ、地域の地図等に名前を書き込みます。当日は、1枚の地図にまとめておきます。

家庭訪問当日は…
○短時間で有意義な面談にするために話の内容を考えておく
①この1年間で、子供のどんな成長を望んでいるか。
②健康面など、教師が知っておいた方がよいことはないか。
③これまでの友達関係など、学校生活で気になることはないか。
④その他、教師や学校への要望はないか。　など

「個人面談」のポイント：目的を明確に

前日までに準備すること
○面談の目的を事前に知らせておく

学級通信などを通じて、個人面談の目的を明確にして、どんな話をするのかを事前に伝えておきます。

今度の面談では、行事について聞いてみたい。

○事前アンケートで保護者のニーズを確認する

保護者が面談で知りたいことや困っていることなどを、アンケートで事前に把握しておきましょう。保護者の希望に沿えるように、何を話すか準備をしておきます。

個人面談当日は…
○教室環境を整える

掃除や整理整頓をして、清潔感のある教室環境をつくりましょう。子供の学習の成果物を掲示しておき、保護者が待っている時間に見られるようにします。

ニュース係で友達のために頑張っているのね。

○面談の目的に応じたテーマで話す

何のための面談なのか、時期に応じた内容で話をしましょう。

7月	○1学期の学習の様子 ○夏休みの過ごし方について（宿題等）
2月	○今年1年間で成長したこと ○来年度に望むこと　　　など

---ここがポイント---

❶その子供のよさを話すことは、保護者の安心感につながります。
❷訪問する時間や面談の時間に遅れないようにしましょう。万が一遅れるようであれば、連絡をしてお詫びをし、信頼関係を崩さないようにします。
❸家庭訪問では、子供の家庭環境を知るだけでなく、住んでいる地域の状況を知ることも大切です。特に、登下校時の安全指導をする際に役立ちます。
❹学校生活で子供が頑張っている様子など、家の人に伝えたい内容は事前に考えておきましょう。

子供たちが大きく成長する学校行事にするために①

運動会の感動を
大きな自信にしよう

ねらい

運動会での成功は子供たちの感動体験になります。そして大きな自信となり子供たちを成長させます。その経験を学級や学年の生活に生かし、高学年につなげましょう。

 運動会で達成感を味わえるように

運動会は、学校行事の中でも、特に子供たちが大きく成長できる場です。子供たちが成長を実感するには、達成感を味わうことが大切です。「やりきった」という思いが人間を一回り大きくさせます。そのためには、教師が学年や個人としての目指す姿（ねらい）を明確にします。

運動会には、徒競走などの個人競技、団体演技、団体競技、選抜リレー、応援合戦、全校競技など、子供たちがそれぞれに活躍する場面があります。**中でも、一体感や達成感をみんなで味わうことができるのが、学年の団体演技です。**中学年である４年生では、個々の動きに加え、全体で動きをそろえるという要素も学習として加わってきます。そのため、練習にもたくさんの時間を費やすことが多く、教師の指導にも熱が入ることでしょう。練習を通して、子供たちが「自分」だけでなく、**「自分たち」**の演技という意識をもてるようにしていきましょう。練習での努力や苦労があるだけ、当日たくさんの拍手をもらうことで、所属感や達成感を味わうことができます。

運動会を通して学年の結束力を高める経験は、高学年につながります。また、運動会をつくり、支える活動をしている高学年に目を向けることで、高学年への憧れや見通しをもつことができます。

運動会がんばるぞ!!カード（例）

```
運動会がんばるぞ!!カード
         名前（        ）
運動会で
┌─────────────┐
│             │
└─────────────┘
         になりたい!!
そのために、
┌─────────────┐
│             │
│             │
│             │
└─────────────┘
       をがんばります!!
```

運動会で自分が目指す姿を明確にし、そのために何を頑張るのかをカードに書くことで、運動会への意欲が高まります。子供同士が励まし合い、認め合えるようにするために、教室に掲示しておきましょう。

子供が、自分に合った「具体的なめあて」をつくることができるように指導しましょう。その際、結果だけでなく、そこまでの過程で何を頑張るのかをイメージできるようにすることが大切です。一人一人に助言することはもちろん、学級活動「(3)ア　現在や将来に希望や目標をもって生きる意欲や態度の形成」の題材として授業で扱うことも考えられます。

達成感を味わえる団体演技にするために

演技構成が重要！（演目、曲を決めよう）

日本の伝統舞踊は、リズムダンスとは異なり動きや音をそろえることで迫力のある演技になるところが特徴です。

よさこいソーラン　　エイサー　　ロックソーラン

ここがポイント

運動会の当日だけでなく、それまでの過程でも子供たちは成長します。準備や練習の過程でも、学年や学級、一人一人のめあてに基づいて振り返り、努力や成長を実感できるようにすることが大切です。

子供たちが大きく成長する学校行事にするために②

一人一人の思いを生かした音楽会にしよう

ねらい

学年や学校という大きな集団で取り組む音楽会は、学びも大きいですが、一人一人の思いを全体の活動に生かすことに課題があります。一人一人の思いと全体の活動をつなげて、子供が主体的に取り組む音楽会にしましょう。

めあてに向かって取り組む過程を視覚化する

　まず、一人一人の子供の思いを出し合い、学校や学年、学級のめあてを設定します。そして、それをもとに、一人一人が個人のめあてを決めます。

　しかし、めあてを決めただけでは、自分ごととして主体的に取り組むことはできません。そこで、めあてに向かって主体的に取り組む過程を視覚化して「見える」ようにします。例えば、次のような工夫が考えられます。

活動の足跡を残す活動例
(1) 活動計画（個・全体）を考えて掲示する（各自計画表を持つ）。
(2) 合唱（合奏）する曲の楽譜（一番盛り上がる部分だけ）を拡大し、それぞれのめあてや振り返りを音符にして貼っていく。
　①**子供一人一人の「めあて」**を緑色の音符に書いて貼る。
　②活動中や振り返りで出た、**「頑張ったこと」「できるようになったこと」**をメロディーに合わせてピンクの音符に書いて貼る。
　③振り返りで出た改善点は、**音符の色を水色に変えて、メロディーから外れたところに貼る。**
　④改善できたら、「②」と同様にピンクの音符をその場所に貼る。

▼活動の足跡

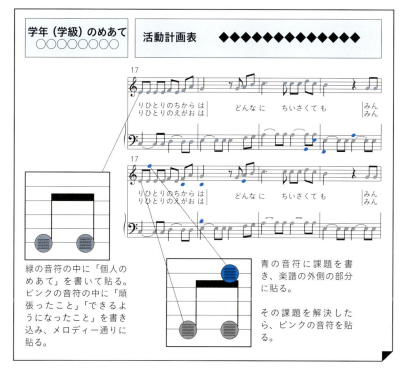

※活動全体の振り返りのときに掲示物が完成できるようにします。そして、めあてに向かって取り組んだという「自分のがんばり」が、学年や学級のめあての達成につながったことを実感できるようにします。

―― ここがポイント ――

　子供一人一人のめあてを掲示するだけでなく、それが全体のめあて達成につながっていることを視覚的にとらえられるようにしましょう。また、友達がどのようなめあてや思いをもって取り組んでいるのかを知ることができるようにしましょう。また、「活動の足跡」を拡大して、学級の一つの掲示物とし、学級全体で気を付ける点や上手になったことなどを示す方法もあります。これは学級全体の指導に役立ちます。

第3章

子供たちの学習意欲を伸ばす！
4年生の
授業のコツ

授業に入る前に　Check Point①:「学習ルール」

グループ学習が
こんなにスムーズに

ねらい

様々な学習で行われるグループでの話合い。ルールを決めると、グループ学習がスムーズに進みます。

 司会、記録、挙手して発言

　協働して問題解決するためには、グループでの話合いが多くなります。グループで話し合うと、一人では解決が難しい問題にも、たくさんのアプローチがあることが分かります。解決するおもしろさや、「そんな考えがあったのか」と新たな発見をする楽しさも味わえます。そんなグループワークでは、簡単なルールを決めておくと、どの学習でもスムーズに進めることができます。例えば、グループでの話合いは、次のルールで行うことにします。

　①司会（進行役）を決める。
　②記録を決める。
　③司会は全員を指名する。
　④手を挙げて発言する。
　⑤決まったことは記録が発表する。

　人数は、4～6人が適切です。司会や記録は順番に行うようにしましょう。少人数なので何度も経験ができ、全員が力を付けることができます。様々な学習でグループ学習を積み重ねると、話合いの仕方が上手になるとともに、自信や学習意欲が高まります。また、こうした経験が、学級全体など、より大きな集団での話合い活動にも生かされます。そのために、簡単なルールをつくるなど、経験を積み重ねるようにします。

話合いの様子と手順

　一人一人の子供が、話合いの見通しをもつことができるようにすることが大切です。何を、どのように、どのくらいの時間で話し合うのか、などを明確にしましょう。

話合いの手順

話し合ったことをホワイトボードに記録する。

手順は掲示して、いつでも見られるように。

― ここがポイント ―

❶グループで話合いをするときは、課題とゴールを教師が明確にすることが大切です。「○○の解決方法を一つ考えましょう」「どんなやり方があるか、みんなで話し合ってみましょう」などです。また、話合いの前に自分の考えをもつ時間をとりましょう。何も用意しないままでは、グループ内で発言することはできず、司会が困ってしまいます。

❷グループでの話合いでは、記録用紙が必要です。紙でもよいですが、マグネット付きのホワイトボードをおすすめします。ホワイトボードは気軽に書いたり消したりすることができます。黒、赤、青を用意し、大事なところに印を付ければ、決まったことも分かりやすいです。B4サイズだと、8～10グループ分を黒板に掲示できるので、グループごとの話合いを比べるのにも大変便利です。

授業に入る前に　Check Point②:「家庭学習」

「自主学習」で自分から学ぶ姿勢を身に付ける

ねらい

家庭学習には、学校の学習の予習や復習をするというねらいがあります。また、自分で勉強する習慣を身に付けるということも、もう一つの大きなねらいになります。ここでは子供が主体的に学習に取り組むアイデアとして、「自主学習」について紹介します。

「自主学習」のよさとは

「自主学習」とは、「自由勉強」や「自学」と言われることもあります。ここでの「自主学習」とは、子供が自ら学習する内容を選んで取り組む家庭学習のことです。「自主学習」のよさには、次のようなことが挙げられます。

- ○自分に合った学習内容を選べる。
- ○自分で考えて学習を進めることで、「学び方」を学べるようになる。
- ○「これをやろう」という主体的な学びが期待できる。

そのときの学校での学習に合わせて、自分で何をするか考える習慣を身に付けることが期待できます。自分の得意なことや苦手なことを意識して学習内容を考えることも大切なことです。また、自分なりの方法で学習を進めていくので、「学び方」そのものを学ぶことにもつながります。

「自主学習」には教師がしっかりと目を通し、学習状況をつかむようにしましょう。励みとなる言葉やアドバイスなどを添えるとよいでしょう。

「自主学習」の進め方

ノートについて

　内容が国語科や算数科など様々なので、縦でも横でも使えるノートがよいでしょう。ノートを1冊やり終えることで、目に見える形で達成感を感じることができるので、比較的ページ数の少ないノートを用意するとよいでしょう。「○○ノート」として、タイトルを工夫します。

学習時間について

　4年生では40分〜60分ほどを目安として家庭学習の時間を決めるとよいでしょう。学習の習慣化も目的としているので、時間設定は教師がはじめに伝えるようにしましょう。内容の決まった「家庭学習プリント」と「自主学習」を組み合わせるのもよい例です。

自主学習の内容例

　4年生の学習内容を、自主学習にも生かせるようにしましょう。ある程度の内容例を教師が示しておきます。子供のノートから新しい学習内容のアイデアがあったときには、クラスのみんなに伝えるようにします。

- 各教科の学習の予習や復習
- 日記　　　・詩や俳句をつくる
- 新聞記事を切り抜き、感想を書く
- 音読（音読カードをノートに貼る）
- 都道府県名調べ
- 生き物の観察　・リコーダー練習
- 漢字練習　　　・計算練習
- まちのおすすめ紹介　など

―――― ここがポイント ――――

　「自主学習」を続けていると、学習内容が好きなものに偏り、同じ内容ばかりでマンネリ化してしまうことがあります。そこで、友達がどんな学習をしているのか、ノートを見せ合う時間を設定したり、参考になる学習をしている子供のノートをコピーしたものを掲示する「自主学習コーナー」をつくったりしてみましょう。

授業に入る前に　Check Point③:「ノートの使い方」

学びに生きるノートの使い方を指導しよう

ねらい

学んだことを整理するノートの使い方をしっかり指導することで、安心して学びを積み重ね、理解につなげていけるようにしましょう。

 学びを積み重ねられるノートにするために

STEP 1 ノートをそろえよう！

　低学年では比較的マス目の大きいノートを使用していると思いますが、**4年生では、例えば 5mm 方眼のノートを使うように指導しましょう。**いわゆる大学ノートなどは、小学生には不向きです。マス目に1字ずつ書く習慣を付けることも、とても大切です。ノートがそろっていないと、授業でのノート指導も難しくなります。学年だより等で、保護者に理解と協力をお願いしましょう（学校によって、学年ごとに使うノートが指定されている場合もあります）。

STEP 2 ノートの使い方をしっかり指導しよう！

　どこに何を書くかなど、ノートの使い方を年度初めに指導します。前年度までの指導も生かしつつ、学びを積み重ねていきます。ノートの使い方を指導しておくことで、安心して学習に取り組めます。また、時折ノートの使い方を確かめていくことで、子供は無理なくまとめられるようになります。ワークシートなどを活用した場合も、ノートに貼り付けるなどして、学んだことを積み重ねていくことができるようにしましょう。

ノート例

これはあくまで一例です。ノートについては、学び方の一貫性や連続性を重視して、学年や学校で共通の使い方を指導したり、教科ごとにアレンジしたりすることも考えられます。

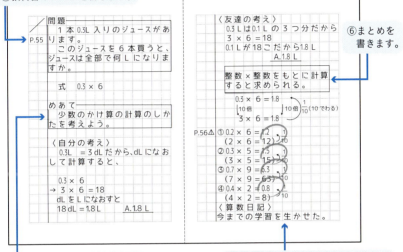

①左側2マス目と3マス目の間に縦の線を引きます。
②日付を必ず書きます。
③教科書のページを書きます。
④課題や問題を書きます。必ずその時間のめあてを書きます。
⑤課題や問題、めあてが書けたら、定規で枠を囲みます。
⑥まとめを書きます。
⑦学習の最後に振り返りを書きます。（算数日記など）何を学んだか、自分なりに振り返ることができるようにします。

── ここがポイント ──

❶最初に書くことは何かを明確にし、子供が安心してまとめていけるようにします。ノートの使い方は繰り返し確認することが大切です。
❷初めのうちは、「下じき、日付、めあて！」と、毎日毎時間声かけをするようにしましょう。繰り返すことで自然と子供も意識できるようになります。また、枠を定規で囲むことも指導し、正しい定規の使い方も身に付けられるようにしましょう。

国語科の指導のコツ　①新出漢字の指導

漢字の指導は授業で

ねらい

新しい漢字の練習を家庭学習だけにしてしまうと、なかなか定着を図ることができません。きちんと授業で指導し、正しく漢字を書けるようにしましょう。

新しい漢字の「学び方」を指導する

まずは、新出漢字を授業で指導します。筆順や字形は、「繰り返し書く」ことで定着します。次のような手順で指導し、書くことを繰り返します。

①**指書き（空中で書く、机に指で書く）**
②**なぞり書き（鉛筆を使って、丁寧になぞって書く）**
③**写し書き（手本を見ながらマスに書く）**

指書きのときは、まず、教師は子供に向かって手のひらで大きく鏡文字で書くようにします。「先生の手のひらを指でなぞって書きましょう」と指示すると、全員が指書きしているか、筆順は合っているかなどを確認することもできます。教師と一緒に指書きが終わったら、自分の机の空いている所で指書きをします。いずれも、「いち、に、さん…」と筆順は声に出して行うとよいです。なぞり書き、写し書きも丁寧に行うことを指示します。実際に練習しているときは、机間指導をして筆順や字形は合っているかなどを一人一人丁寧に指導しましょう。

家庭学習で漢字練習をした場合は、提出後すぐに丸付けをし、字形や画を確認します。そして、すぐに子供に返して、子供が見直し正しい漢字を書くことができるようにしましょう。

第3章 子供たちの学習意欲を伸ばす！ 4年生の授業のコツ

指書きのとき、教師は鏡文字で

「書く」ことを繰り返す

家庭学習での練習はすぐにチェックして返す

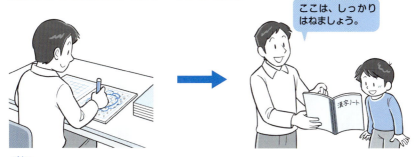

──── ここがポイント ────

　指書きやなぞり書きなどの「漢字の学び方」を定着させることを意識して指導します。字形や画だけでなく、「漢字の学び方」が身に付いているかを、授業や家庭学習の提出物を見ながら丁寧に指導していきましょう。

国語科の指導のコツ　②定番教材「ごんぎつね」

みんなで話し合おう「ごんぎつね」読書会

ねらい

登場人物の行動や会話、情景描写などの叙述をもとに、自分の経験などと照らし合わせ、登場人物の気持ちの変化を想像しながら読むことができるようにしましょう。

読書会で読んで考えたことを交流しよう

　教材文の「ごんぎつね」は、「1」から「6」の場面、起承転結の明確な物語構成です。「ごん」の心情やその変化がとらえやすく、場面の展開に沿って人物の性格や心情の変化を想像しながら読むことができます。さらに、美しい情景描写も登場人物の心情を想像する手がかりになります。

　「ごん」と「兵十」の関係や、すれ違いが生み出す結末に、それぞれの感想や考えをもつことができるようにしていきましょう。そして、「読書会」を通して、それぞれの感想や考えを友達と交流することで感じ方の違いに気付き、自分の読みをより深めることで読書の楽しさを感じることができるようにすることが大切です。

　本単元で取り上げる「読書会」には次のような特徴があります。

①子供たちが友達と話したいテーマを設定する。
②テーマについて一人一人が感想や考えをもって参加する。
③感想や考えを交流することで互いの感じ方の違いに気付く。

　「読書会」を通して、物語をより楽しむことができるようにしましょう。

第3章 子供たちの学習意欲を伸ばす！ 4年生の授業のコツ

「ごんの心のとびらシート」

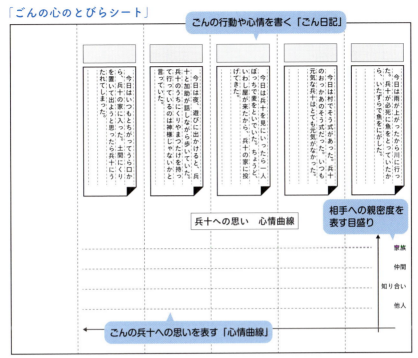

ごんの行動や心情を書く「ごん日記」

今日は雨が上がったから川に行った。兵十が必死に魚をとっていたから、いたずらで魚をにがした。

今日は村でそう式があった。いつも元気な兵十はとても元気がなかった。兵十のおっかあのそう式だった。

今日は兵十を見にいったら一人ぼっちで妻をといていた。ちょうどいわし屋が来たから、兵十の家に投げてきた。

今日は夜、遊びに出かけると、兵十と加助が話しながら歩いていた。兵十のうちにくりやまつたけを持って行っているのは神様じゃないかと言っていた。

今日はいつもとちがってうら口から、兵十の家に入った。土間にくりを置いて出ようと思ったら兵十にうたれてしまった。

兵十への思い　心情曲線

相手への親密度を表す目盛り

家族
仲間
知り合い
他人

← **ごんの兵十への思いを表す「心情曲線」**

「ごんの心のとびらシート」をつくりながら物語を読み深め、物語について自分の考えをもつことができるようにします。読書会では自分の考えに自信をもって発表し、友達と交流できるようにすることが大切です。

ごんが撃たれた場面について話し合う

――― ここがポイント ―――

物語を読み進めていくうちに、「友達の意見を聞いてみたい」「みんなで話し合ってみたい」という思いが出てきます。そのような場面を読書会のテーマに設定しましょう。読書会での交流を通して、友達の新たな面に気付いたり、自分の考えを広げたり、深めたりできるようにします。

国語科の指導のコツ ③言語活動のアイデア

4年生 言語活動あれこれ

ねらい

言語能力を育成する国語科では、言語活動を通して子供たちに国語を正確に理解し、適切に表現する資質・能力を育成することを目指します。ここでは、領域ごとに言語活動をいくつか紹介します。

「A 話すこと・聞くこと」 〜学級会を開こう〜

　学級活動との関連を図りながら、学級の生活上の諸課題について話し合う活動です。学級全体で話し合う場合には多人数となることが多いので、改まった言葉遣いができるように指導します。また、司会などの役割も重要です。話合いの進行表などを用いて、全員が話合いの進め方を理解できるようにしましょう。そうすることで、司会以外の子供から進行に関わる意見や、司会を手助けするような場面も見られるようになります。

「B 書くこと」
～〇〇小学校　委員会紹介新聞をつくろう～

　5年生から始まる委員会活動に興味をもっている4年生の子供は少なくないはず。そのような関心を生かして、委員会活動について調べる活動を行い、学級新聞にまとめる言語活動です。写真を撮ってきたりインタビューをしたりして記事の内容を工夫するようにしましょう。

「C 読むこと」～研究レポートを書こう～
調べることを決めるための 5w1h マップ

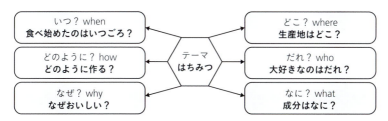

　事典や図鑑を読んで、調べたことをまとめて説明する活動です。事典や図鑑を用いて調べる方法を学ぶよい機会です。学校図書館や地域の図書館などを利用すると効果的です。総合的な学習の時間などの調べ学習と関連を図り、子供が知りたいと思う事柄について調べるように計画を立てましょう。

——————— ここがポイント ———————

　子供たちにとって楽しい学習にすることは大切ですが、「活動あって学びなし」にならないよう、指導のねらい（指導事項）を教師が明確にするようにしましょう。

社会科の指導のコツ　ごみのゆくえ

自分ごととして考える「ごみのゆくえ」

---- **ねらい** ----

4年生の社会科では、普段当たり前に生活していることがどのような支えで成り立っているのかを学習します。課題を解決するために見学に行ったり、話し合ったりして「自分ごと」として考えられるようにします。

自分ごととして考え、主体的に学べるように

　落ちているものや使わなくなったものを何気なくごみ箱に捨てる。これが日常だと思います。しかし、その先のことを知る人はなかなかいません。学校や家庭でどれだけのごみが毎日出ているのか、ごみは誰が回収するのか、そしてどこに持っていくのか、など。それらを「自分ごと」として考えることで、主体的に取り組むことができます。

　そこで大切なのが、**学習問題**です。先生が「次の時間は○○の学習をします」と言って課題を設定してしまうと、学習が自分ごとにはなりません。**学習問題は、子供たちと学習を進める中で出てきた疑問にするようにします。**

　そのためには、子供たちから疑問が出てくるような学習計画を立てることが大切です。ごみを出す日を調査した際、ごみの収集日が地域によって異なる事実を提示することで、「なぜ、ごみの収集日が地域によって異なるのだろうか」という問いが生まれます。それを話し合って解決し、清掃工場が関係しているということにたどり着きます。そこで、「清掃工場を見に行こう」という思考の流れになります。社会科では、子供たちの追究する姿勢が大切です。追究して解決する際は、根拠が必要となります。追究することが「楽しい」と感じた時点で、自分ごとになるのです。

「つかむ」→「調べる」→「まとめる」→「深める」

① 「つかむ」：学校や家庭のごみの量を調べよう

② 「調べる」：清掃工場に見学に行こう

気付いたことや見付けたことなどをたくさんメモしよう。聞きたいことがあったら質問してみよう！

③ 「まとめる」：学習したことを新聞にしよう

社会科見学の学びを新聞にまとめることが多いです。画用紙に新聞を貼り、重ねて貼っていきましょう。3月には社会科見学の学びの足跡になります。

④ 「深める」：みんなで話し合おう

「深める」ためには、友達の考えと自分の考えを比べることが大切です。そのような話合いのテーマ設定が必要です。

テーマ例
・ゴミを出さない生活ができるかできないか。
・ファストフード店やコンビニのホールディングタイム（時間が過ぎたら捨てる）に賛成か、反対か？

——— ここがポイント ———

　中学年では身近な教材を扱った学習が多く、「自分ごと」として考えやすいでしょう。また、時間に余裕があるときは、社会科見学に行くようにします。実際に見たり、触ったりすることで得られる学びがあります。

算数科の指導のコツ ①四角形

竹ひご DE 対角線！！

 ねらい

多くの子供が難しさを感じる、対角線の特徴から四角形をとらえる問題では、操作活動を通して直感的に楽しく学習できるようにします。

四角形の対角線の特徴を直感的に

4年生では、台形、平行四辺形、ひし形などの四角形を学習します。それぞれの四角形の特徴を辺の並び方や長さ、また四つの角の大きさからとらえていきます。そして、さらに対角線について知り、対角線の特徴を通してそれぞれの四角形の見方を豊かにしていきます。

ところが、この対角線の特徴が、子供たちにとってとらえにくいことがあるようです。**そこで、竹ひごを使って対角線の特徴を直感的にとらえ、四角形を見いだすことができるようにしましょう。**

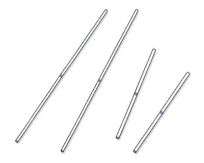

長さの違う竹ひごを2本ずつ、中点に印を付けておくのがポイントです。

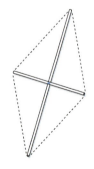

竹ひごを対角線に見立てると四角形が見えてきます。

いろいろな四角形の「竹ひご対角線」

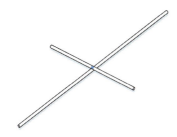

平行四辺形

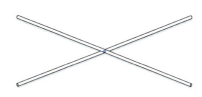

長方形

正方形

竹ひごを操作する

「台形はどうやってつくるの？」

　子供が操作をしていくと、正方形、長方形、平行四辺形、ひし形は、比較的すぐにつくることができます。しかし、台形をつくることがなかなかできません。それは、竹ひごの中点に印があるからです。2本の竹ひごの交点を中点から外すことで台形がつくれるようになります。そのことを通して、「2本の対角線が互いの中点で交わる」ということを学んでいきます。

―――― ここがポイント ――――

❶交点を中点からずらすことでさらにいろいろな四角形を見いだすことができます。等脚台形や凧型四角形などへの発展も考えられます。

❷竹ひごの対角線はあくまでイメージです。それをもとに、定規を使って正確な作図をするようにしましょう。

算数科の指導のコツ ②小数

「小数巻き尺」で実感しながら小数を学ぶ

ねらい

十進位取り記数法の有用性と数の大きさを実感しながら、小数の仕組みの考え方を理解できるようにする学習展開を考えましょう。

📖 0.001m をつかもう

4年生の算数では、徐々に抽象的な概念の理解が必要になってきます。活動や実感を伴った学習展開が考えにくく、ともすれば教師の「教え込み」で終わってしまう恐れもあります。

4年生の「小数のしくみ」の学習では、3年生までに学習した、小数第一位（$\frac{1}{10}$ の位）から、小数第2位、3位とさらに小さい位があることを学習していきます。0.1 の $\frac{1}{10}$ が 0.01、0.01 の $\frac{1}{10}$ が 0.001 であることを、活動を通し、実感を伴って理解できるようにしていきましょう。

「小数巻き尺」をつくる

まず、1m の紙テープを用意し、10等分して 0.1m、0.2m と目盛りをふります。「cm」を使わず、小数を用いて「m」で表します。

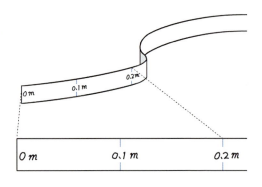

必要に応じて目盛りを増やす

つくった「小数巻き尺」を使って、いろいろなものの長さを測る活動をします。その中で、0.1m 単位の目盛りでは測り切れないものが出てくるはずです。例えば、0.73m の長さのものを用意すれば、「小数巻き尺」で測ると、0.7m と 0.8m の間になります。その測り切れなかった「はした」の部分を測るために、目盛りを増やすという必要性が出てきます。

十進位取り記数法の有用性と小数の大きさを実感する

では、0.7m と 0.8m の間にどれだけの目盛りをふればよいのでしょうか。0.73m だと 2 等分や 5 等分では測り切れません。そこで、10 等分するよさがつかめます。そして、その 10 等分した一つ分の長さが、0.01m であることを知らせます。

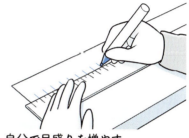

自分で目盛りを増やす

同じ要領で、さらに「はした」の出る長さを測る活動を通して、0.01m を 10 等分した一つ分の長さである 0.001m も理解します。1m からすれば、$\frac{1}{1000}$ の長さです。量感を伴いながら 0.001 という数を理解することができます。また、この活動を通して、0.001m が 1mm であることにも気付く子供が出てくることでしょう。

| 0m | 0.01m | 0.02m | 0.03m | 0.04m | 0.05m | 0.06m | 0.07m | 0.08m | 0.09m | 0.1m |

─── ここがポイント ───

数を 10 等分して小さい数をつくる考えは、すでに 3 年生のとき、0.1 の学習で経験しています。そのときの学びをつなげる意識を教師がもつことが大切です。算数で学ぶいろいろな仕組みや公式などを教師が一方的に教えてしまうのではなく、それをつくる過程を子供たちにも経験できるようにしていきましょう。

理科の指導のコツ　理科学習の基本

理科室の基本ルール

ねらい

4年生から、理科室での実験が多くなります。理科室の基本ルールや理科の授業、板書の基本的な流れについて指導しましょう。

📖 理科室の使い方をしっかり指導する

4年生では、理科室の使い方の基本的なルールをしっかりと指導します。また、授業の流れが分かりやすい板書を心がけましょう。

理科室の基本的なルール
・服装は、袖や裾が垂れないように。袖が長い場合は、まくるように指導します。火や薬品が衣服につかないようにしましょう。
・実験中は、椅子を実験台の下に入れます。実験器具や薬品を持ち運ぶときにつまずかないようにするためです。
・実験中は、教科書、ノート、筆記用具等、実験用具以外の物は片付けます。
＊他にも指導すべきことがないか、それぞれの学校や学年で確認しましょう。

授業の流れ、板書
　理科学習の問題解決の過程（「自然の事物・現象に対する気付き」→「問題の設定」→「予想や仮説の設定」→「検証計画の立案」→「観察・実験の実施」→「結果の処理」→「考察」→「結論の導出」等）を大切にしましょう。板書もこの流れを基本にして行います。グループごとに実験結果の予想を立てたり、まとめたりする場合、話合い活動の経験を生かし、互いの考えを尊重しながらまとめていけるようにすることが大切です。

第3章 子供たちの学習意欲を伸ばす！ 4年生の授業のコツ

理科室の基本ルール

袖、裾は垂れないようにする

椅子をしまう

教科書やノートは片付ける

板書例

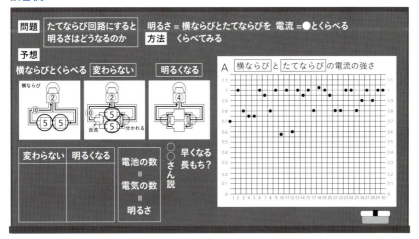

―― ここがポイント ――

　授業で実験を行う前に、必ず事前に教師が予備実験を行いましょう。予備実験を行うことで、できるだけ正確な結果を出すために必要なこと、安全面で指導すること、実験にどれくらいの時間がかかるかなどが分かります。

音楽科の指導のコツ　合唱

学年の系統を意識した音楽科の授業づくり

ねらい

中学年の音楽科の授業では、旋律の特徴や重なりについて学習します。各学年の系統を意識した授業を展開しながら、音楽の楽しさを味わうことができるようにしましょう。

共通教材「もみじ」より、旋律の重なりを感じ取る

　音楽科の各学年の系統を見てみると、3年生では、旋律の特徴について学習します。**4年生では、次の段階として、旋律の重なりを感じ取ることができるようにしましょう。**その経験が、高学年での和音の美しさを味わうことにつながっていきます。

　ここでは、旋律の重なりを感じ取るための歌唱教材として、共通教材である「もみじ」を紹介します。「もみじ」は、前半で輪唱風の重なり、後半は3度を中心とした重なりなど、1曲の中で、いろいろな旋律の重なりを感じ取ることのできる楽曲です。子供たちが旋律の重なりに気付いて、意欲的に合唱に取り組む姿を引き出しましょう。そのためには、それぞれの旋律をしっかりと覚えられるようにすることが大切です。音程やリズムに気を付けながら、主な旋律、副次的な旋律と、繰り返し練習をしていきましょう。子供たちが自信をもって歌うことで、二部合唱をするときに、もう一つの旋律を感じ取ることができ、合唱の楽しさを味わうことができます。

　歌うことに苦手意識をもっている子供もいます。日頃から朝の会で「学級の歌」を元気に歌ったり、帰りの会で「今日の歌」を歌ったりして、歌うことの気持ちよさや、みんなで歌う楽しさを感じることができるようにしましょう。

第3章 子供たちの学習意欲を伸ばす！ 4年生の授業のコツ

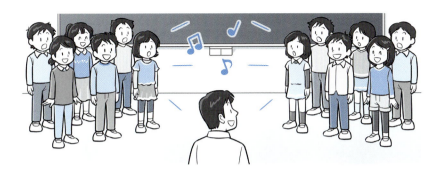

　合唱の楽しさを感じられるようになったら、聴き合う活動も取り入れましょう。主な旋律と副次的な旋律のパートを交替して歌ったり、聴き役をつくったりすることで、より旋律の重なりを感じ取ることができるようになります。

——— ここがポイント ———

❶子供たちが曲の魅力をより感じられるように、導入で季節感を演出しましょう。もみじを見た経験を思い出したり、きれいなもみじの写真を見たりして、歌詞が表す情景を想像できるようにしましょう。

❷子供は、歌っている間は歌うことに集中しているため、旋律の重なりを感じ取ることが難しい場合があります。聴き合う活動では、聴くことだけに集中できるよう、四つのグループに分かれて交替で二部合唱をします。客観的に歌声を聴くことができるので、旋律の重なりに気付きやすくなります。

図画工作科の指導のコツ　図工学習の基本

材料と出会う時間を大切に

ねらい

3年生までの活動経験をもとに、材料との出会いを大切にすることで、子供が夢中になって取り組む学習にしましょう。

材料と出会い、向き合う時間が子供の想像力をかきたてる

　4年生の図画工作科では、これまでの経験をもとにして、より一層活動的に描いたりつくったりします。扱う材料や用具の幅も広がり、それに対する思いも高まってきます。子供が想像力をふくらませ、夢中になって活動に取り組むような授業展開にすることで、作品のアイデアや構想に大きく影響を与えます。

　そこで重要になってくるのは、材料との出会いです。 子供が「やってみたい！」「おもしろそう」だと思うような材料との出会いを工夫しましょう。じっくりと時間をかけて材料と向き合うことも大切です。

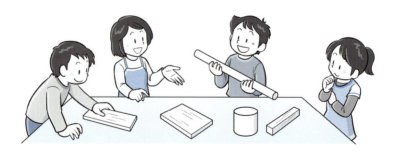

第3章 子供たちの学習意欲を伸ばす！ 4年生の授業のコツ

　子供は材料と向き合った瞬間から作品への思いをふくらませていきます。しかし、その思いを表現する方法を考えたり試したりする時間も必要です。これまでの経験が豊富にあるからこそ、時間をかけて材料と向き合い、見たり触ったり、考えたり試したりすることを繰り返し試行錯誤する中で、子供は制作への意欲を高め、夢中になって活動に取り組むようになります。

　また、教師はその時間に一人一人としっかりコミュニケーションを図り、作品への思いを引き出したり、困っている子供への支援をしたりしていきましょう。

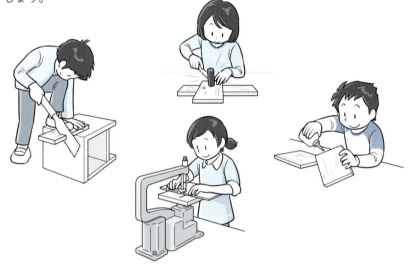

――― ここがポイント ―――

❶造形遊びなどで、制作を終えた途端に作品への思いがなくなり、さっさと後片付けをするようであってはいけません。楽しかった時間を振り返りながら、活動の余韻に浸って後片付けをするぐらいであってほしいものです。リサイクルやリユースすることを考え、できるだけ元に戻すという意識をもって活動を終えましょう。

❷活動する場所や扱う用具によって、思わぬ怪我をすることがあります。学級の実態を踏まえて活動場所を決めたり、用具の扱い方や保管方法の指導を徹底したりして、子供の安全を確保するようにしましょう。

体育科の指導のコツ　体つくり運動

いろいろな動きを経験する体つくり運動

ねらい

様々な動きを経験し、体を動かす楽しさや心地よさを味わうことができるようにする体つくり運動。用具を操作する運動や、いろいろな動きを組み合わせた運動を経験できるようにしましょう。

用具を使った体つくり運動

目指せ！ボール名人

　ボールを使った運動では、投げる、捕るといった動作を身に付けます。投げている間に動きを加えたり、ねらいをつけて投げたりするなど、いろいろな工夫ができます。利き手ではない手を使って投げるのもよいでしょう。

【上に投げて捕る】【投げて床にタッチ】【投げて拍手】　【投げて回転】

【ペアで相手に向かって転がす】　【ペアで同時に投げたり転がしたり】

いろいろな用具と動きを組み合わせて

3年生の体つくり運動の経験を生かして、いろいろな用具と動きを組み合わせた動きを考えます。「○○しながら〜する」という課題を提示して、人数や使う用具の数、距離などを変えて新たな「わざ」をつくります。

【フラフープをしながらじゃんけん】　【フラフープをしながらボールを投げる】　【フラフープを転がしてボールを通す】

【長なわをしながらじゃんけん】　【長なわをしながら短なわを跳ぶ】

負けたら次の人と交代だよ！

── ここがポイント ──

❶ 体つくり運動では、多様な動きをつくる運動をします。これまでに経験した動きを組み合わせたり、工夫したりして、動きを自分たちで考える楽しさを味わえるようにしましょう。

❷ 用具の使い方、移動による身体接触など、安全には十分留意します。安全に体育を行うための約束を守ることも大切なねらいとなります。

❸ 少し難しい「わざ」も紹介して、複雑な動きにも挑戦してみましょう。できたときの喜びも大きくなります。一方、中には運動が苦手な子供もいます。その子供に合った用具や技を選んで活動できるようにするなど配慮し、楽しく挑戦できるようにします。

外国語活動の指導のコツ　最初の１時間で外国語活動好きに

なりきり自己紹介をしよう

ねらい

外国語（英語）による短い言葉や簡単な表現を用いて、相手の思いを聞いたり、自分の思いを伝えたりしながら、相互理解を深めましょう。

 互いを知り合う楽しさを感じよう

　ここで紹介する「なりきり自己紹介」は、"My name is___."や"○○ friends!"などのシンプルな表現を用いながら、相手の思いを聞いたり、自分の思いを伝えたりしながら、相互理解を深めていく活動です。

　教師が与えたテーマ、例えば「好きな食べ物」を自分の名前として、互いの思いを伝え合います。その際、英語などに触れてきた経験が少ない４年生であってもコミュニケーションを楽しめるよう工夫することが大切です。**そのために、この段階では言語材料を限定しすぎず、実態に応じて、知っている表現の使用を認めたり、名詞については日本語の使用も認めたりしましょう（"My name is___."など）**。そうすることで、英語に触れてきた経験が少ない４年生であっても、負担を感じることなく英語を使ってコミュニケーションを楽しむことができるようになります。

　また、一つのテーマによる活動が終わる度に、教師が"My name is___."や"◇◇ friends?"などと子供たち等に投げかけましょう。その返答をもとに、"You are ◇◇ friends!"などと子供たちの輪をつなげていきましょう。

　このとき、席が離れている友達ともエア・ハイタッチやエア・握手をすることで、より楽しくあたたかな関係が築くことができます。

第3章 子供たちの学習意欲を伸ばす！ 4年生の授業のコツ

なりきり自己紹介

年度当初など、互いのことをよく知らない段階の子供たちには、自己紹介スピーチよりも、ゲーム感覚で声をかけ合うような活動の方がよいでしょう。多くの友達と「つながる機会」というイメージをもちましょう。

【例：好きな食べ物】

A: Hello.

B: Hello.

A: My name is ＿しおラーメン＿.
　　What's your name?

B: My name is ＿とんこつ noodle＿.

A: Wow! ラーメン friends!
　（実態に応じて握手等）Bye.

B: Bye.

※好きなものの種類が同じだったら、〜 friends!
　好きなものがまったく同じだったら、
　Best friends!

ラーメン friends!

笑顔でハイタッチ

【アレンジ】

My name is ＿名前＿ ＿好きな食べ物＿.

My name is ＿好きな食べ物＿ ＿苦手な食べ物＿.

他にも、動物、スポーツ、キャラクター等、既習事項を活用することができる。

――― ここがポイント ―――

❶ 言語材料を限定しすぎず、実態に応じて、知っている外国語の表現の使用を認めたり、名詞については日本語の使用も認めたりしましょう。

❷ コミュニケーションを図る中で、実態に応じて、スキンシップを取りながら関わり合うことができる仕組みを設けましょう。

❸ 各トピック終了時に教師が、"◇◇ friends?" などと子供たちに投げかけましょう。そして返答をもとに子供たちの輪をつなげ、さらに広げていきましょう。「投げかけ→引き出し→さらにつなげる」イメージです。

総合的な学習の時間の指導のコツ　地域人材の活用

地域のプロフェッショナルを活用した総合的な学習の時間

―― **ねらい** ――

3年生での経験をもとに、探究的に学ぶ子供たち。そんな子供たちがより深い学びを経験するために、地域のプロフェッショナルを活用しましょう。

探そう！　地域のプロフェッショナル

　中学年の総合的な学習の時間では、社会科の学習をもとに単元をつくることが効果的です。水やゴミの学習から「環境」、消防や警察の学習から「防災」などが考えられます。子供が関心をもっている内容を見極め、単元をつくっていきましょう。

　活動が進むと、どうしても停滞してしまうことや、「ここでもう少し深い学びをしてほしいな」と思うことはあります。**そんなとき、地域のプロフェッショナルの活用を図りましょう。**

　地域で働く人はもちろん、保護者や公園に集う人などの中にも「その道のプロ」がいるかもしれません。

　できれば、単元の初期の段階で見付けておくのがよいでしょう。そして、「ここぞ！」というときに関わってもらうようにしましょう。子供に問題意識をもってほしい場面、新しい視点に気付いてほしい場面等、いくつかを想定しておきます。また、インパクトも大事です。何度も関わりすぎて、当たり前になってしまうと効果が薄くなってしまうこともあるので、教師が見通しをもつことが大切です。

総合的な学習の時間の流れ

　総合的な学習の時間では、探究のプロセス（「課題の設定」→「情報の収集」→「整理・分析」→「まとめ・表現」）を通して、資質・能力を身に付けていくようにすることが大切です。

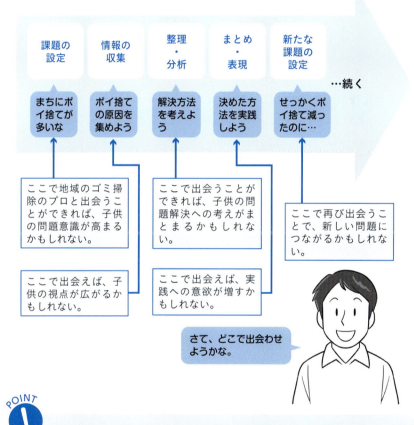

- ここで地域のゴミ掃除のプロと出会うことができれば、子供の問題意識が高まるかもしれない。
- ここで出会えば、子供の視点が広がるかもしれない。
- ここで出会うことができれば、子供の問題解決への考えがまとまるかもしれない。
- ここで出会えば、実践への意欲が増すかもしれない。
- ここで再び出会うことで、新しい問題につながるかもしれない。

さて、どこで出会わせようかな。

ここがポイント

　教師が「今日は地域のゴミ掃除のプロのAさんに来てもらいました」と紹介してもよいのですが、できれば子供が「先生、私たちが学校から帰るときに、いつも道の掃除をしている人がいるよ」と発見してくると、なおよいでしょう。そのためには、子供が自分で発見したと思うことができるようなしかけが必要です。上の例であれば、子供が下校する時間に掃除をしてもらうように頼んでおくことなども考えられます。

道徳科の指導のコツ　考えを深める工夫

みんなの考えを比べ合う！「特別の教科　道徳」

ねらい

　4年生になると心も成長し、一人一人の考えの違い、個性がはっきりしてきます。話合いで黒板を効果的に活用することで、一人一人の考えを比べ合い、それぞれの意見のよさや違いをはっきりさせ、多面的・多角的な見方につなげましょう。

 自分だったらどうする？　マグネット！

　話し合って価値を深めるために大切なことは、一人一人の考えを明確にして、比べ、それぞれのよさを見付けていくことです。4年生になると、「クラスの友達の意見と違うんだけど…、まあいいか」などと、結局最後まで意見を言わない子供もいます。

　そこで、黒板を使って一人一人の考えを比べたり、まとめたりしてみましょう。自分の考えが黒板の中ではっきり表れることで、子供は考える「足場」を得て、さらに意欲的に考えるようになります。また、深く考えたり話し合ったりした過程における自分の考えの変容も分かりやすくなります。

　もちろん黒板だけでなく、グループごとにミニホワイトボードを使って話し合ったり、ポスターセッションにしたりと、いろいろな工夫が考えられます。主体的に話し合うことで、その時間に学ぶ道徳的価値について多面的・多角的に考えることができるでしょう。

板書例

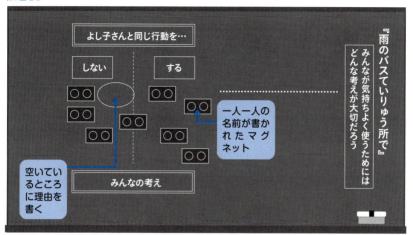

指導の手順

- **する**か**しない**、どちらかに名前マグネットを貼る。迷うときは中央に貼ってもよい。
- なぜそこに貼ったのか、理由を発表し合う。
- 話し合っているうちに考えが変わったら移動してよい。

成田國英作「雨のバス停留所で」による

———— ここがポイント ————

❶ みんなが動きながら学び合っていても、それでもまだ自分の意見は出せない、という子供もいます。無理に意見を出させるのではなく、自分から意見を出すようになるのを待ちましょう。時間がかかっても、その子供のペースで学んでいくことができるようにしましょう。

❷ 黒板にどのようにマグネットを貼るのか、マグネットを移動させたいときはどうしたらよいのか、などを長々と説明していると、道徳的価値について考えたり、話し合ったりする時間が短くなります。大切なのは考えること、道徳的価値の理解や自分の生き方についての考えを深めること、ということを忘れずに。

特別活動の指導のコツ　学級活動(1)

学級会(話合い活動)に取り組もう

ねらい

4年生では、高学年に向けて、自分たちで考え工夫して、よりよい学級生活をつくろうとする態度を育てることが大切です。そのためにも、よりよい学級生活をつくるために学級全体で話し合う「学級会」を充実させましょう。

協力して楽しい学級生活をつくる

学級会とは？

学級活動(1)において、自分たちが見いだした学級や学校の生活上の課題を解決するために、学級全員で話し合う「話合い活動」のことを、多くの学級で「学級会」と呼んでいます。「学級会」は、子供たちが自分たちの発意・発想をもとに、協力し合って楽しい学級生活をつくっていくためにとても重要な活動です。

議題（例）

子供が生活上の問題に気付くようにする

自ら楽しい学級生活をつくろうとする態度を育てるためには、学級生活をよりよくするための課題を子供自らが見いだすことが肝心です。ここでいう課題とは、学級における生活上の諸問題のほか、集会活動の計画や、楽しい学級生活のためのきまりづくりなども含まれます。議題箱を活用したり、子供のつぶやきを逃さないようにしたりして、「〇〇したい」「□□を何とかしたい」という子供の思いや願いを引き出すようにしましょう。

第3章 子供たちの学習意欲を伸ばす！ 4年生の授業のコツ

よりよい議題を選定する

　学級会では、学級、学校生活の中で子供たちが見いだした課題を「議題」として選び、学級全体で話し合っていきます。

　学級会の議題の選定は、計画委員会（メンバーは輪番で全員が行うようにする）を開いて検討した上で、学級全体で共有し、決定する場を設けるようにしましょう。

　議題は子供の学級生活に関わりがあり、全員の子供が共同の目的意識をもって話し合い、自分たちで協働して解決し実践できるものにします。したがって、議題選定に際しては、教師が適切に指導することが大切です。個人情報やプライバシーの問題、相手を傷付けるような結果が予想される問題、教育課程の変更に関わる問題、校内のきまりや施設・設備の利用の変更等に関わる問題、金銭の徴収に関わる問題、健康・安全に関わる問題などは避けましょう。

　一般に、本時の話合い活動だけでなく、活動全体の流れを議題ととらえます。
（例）「〇〇集会のゲームを開こう」　→　議題：「〇〇集会を開こう」

事前指導で学級会の計画を立てる

議題が決まったら、学級会で具体的に何をどのように話し合うのか、計画委員会で話合いの柱を決めます。一つ一つの柱について、どのような意見が出て、どのようにまとめていくのか、どのくらいの時間を使うのかなどの見通しを立てておくことも大切です。**その際、学級会で合意形成するときの拠り所となる「提案理由」等を明確にしておくことが重要です。**

また、自分たちで話合いを進めるための役割分担を決めます。具体的には、司会、黒板記録、ノート記録があります。計画委員会の際には、提案者も加わります。

児童会から出された「ろう下歩行」についての議題について話し合う例

学級会で話し合う（板書例）

話し合うことに沿って、子供たちが話合いを進めていきます。議題についての提案理由をもとに、一人一人の思いや願いを大切にして意見を出し合います。そして、共通点や相違点を確認したり、分類したり、共通の視点をもって比べ合ったりします。よりよいものを選び、意見の違いや多様性を生かして、学級としての考えをまとめたり決めたりして合意形成を図ります。

　子供たちが何を考えればよいのかを整理しながら話し合い、まとめることができるように、教師が要所で助言するようにしましょう。

決まったことを実践し、活動後に振り返る

　学級会で決まったことは、その通り実践することが大切です。振り返りでは、「話し合ったことで学級生活がよりよくなった」「協力して実践したことで、仲が深まった」と思えるようにしましょう。

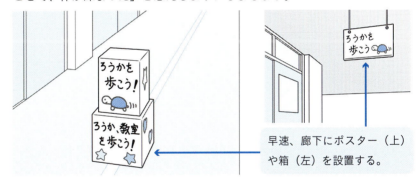

早速、廊下にポスター（上）や箱（左）を設置する。

―― ここがポイント ――

❶たった一度学級会をしたからといって、子供たちに力が付くわけではありません。継続的に取り組み、子供たちが自らよりよい生活をつくる力を育て、人間関係を深められるようにしていきましょう。

❷子供たちだけで、全ての活動がうまくいくわけではありません。だからといって、教師が出すぎてしまっても子供の主体性を奪ってしまいます。子供の活動を見守り、困ったら助言をするなど、よりよい活動になるような指導・助言の在り方を考えていきましょう。

特別活動の指導のコツ　学級活動(2)

「自分に合った歯みがき」について指導しよう

ねらい

　学級活動の内容（2）は、一人一人の子供が、自らの学習や生活について課題を解決するために、めあてや取組方法について意思決定して実践します。ここでは「ウ　心身ともに健康で安全な生活態度の形成」の内容を例に、学級活動（2）の実践例を紹介します。

自分の生活を振り返り、これからの自分について意思決定

問題の発見→問題の確認

　これまでの給食の様子を振り返り、一人一人の子供が解決すべき共通の問題を「題材」として設定します。この問題に対して、一人一人の子供が「自分ごと」として意識できることが大切です。そのためには、次のような手立てが有効です。

○給食後、普段の自分の磨き方で歯磨きをする　　○「染め出し剤」を使って自分の歯磨きの仕方を確かめる

解決方法等の話合い→解決方法の決定

　課題を自分のこととしてとらえられたら、その原因について考え、それをどのようにして解決するかを学級で話し合います。担任は問題の状況や原因、解決の方向性などについて、例えば歯の正しい磨き方や虫歯状況などについて、資料を提示したり説明したりします。養護教諭や歯科校医に授業に参加してもらって、直接話をしてもらうのもよいでしょう。指導内容やアドバイスをもとにして、子供たちは実践に向けて、自分のめあてや取り組み方法などについて一人一人が意思決定します。

ぼくは、歯の裏側を特に気を付けて磨くことをめあてにしよう。

決めたことの実践→振り返り

　自分で決めためあてに沿って、実践をします。

　その際、めあてに向けて取り組むことができたか、チェックできるカードがあるとよいでしょう。一週間ほどの期間を決めて取り組みます。

　実践が終わったら、めあてに基づいて振り返ります。そして、「めあてに向かって頑張ってよかった」という自己効力感を味わえるようにしましょう。

―― ここがポイント ――

　学習指導要領には、学級活動の内容（2）として、四つの内容が示されています。
　ア　基本的な生活習慣の形成　　イ　よりよい人間関係の形成
　ウ　心身ともに健康で安全な生活態度の形成
　エ　食育の観点を踏まえた学校給食と望ましい食習慣の形成
　これらの内容については、いずれの学年でも指導することとなっています。
　あるべき姿を理解して終わるのではなく、自分に合っためあてや取り組み方を意思決定して、努力して実践し、振り返るという活動が大切です。子供は、それらの一連の過程を繰り返すことで、自己指導能力を身に付けます。

特別活動の指導のコツ　学級活動(3)

自分の成長を見つめ、次の学年へ！

---- ねらい ----

　1年間の最後の振り返り、自分の成長を見つめる大切な時間です。学級活動（3）「ア　現在や将来に希望や目標をもって生きる意欲や態度の形成」の指導を充実させることで、自らの成長を実感し、それを5年生につなげることができるようにしましょう。

どのように成長してきたのだろう？

　4年生は、自分のことを客観的に見つめることができるようになってくる時期です。例えば、これまでの「○○ができた」「□□を頑張った」という振り返りから、「○○ができるようになった。それは困ったときに友達に応援してもらって、勇気を出すことができたからだ」というような振り返りができる子供が増えてきます。

　1年間の最後の振り返りは、自分の成長を確かめる大切なものです。じっくりと振り返ることで、自らの成長を実感し、それを5年生への自信や意欲につなげたいものです。

　自分のよさや可能性を確かめるのが、学級活動（3）アの時間です。具体的に振り返ることができるように、1年間のあゆみを掲示したり、みんなで撮った写真を見たりするのも効果的です。自分が書いた日記やノート、作文などを読むのもよいでしょう。それらをもとに子供がコメントを書いたり、発表したりします。それを学級全員で共に認め合いましょう。

　成長の実感が高まってきたら、それを「どんな5年生になりたいか」という思いや願いにつなげることが大切です。

第3章 子供たちの学習意欲を伸ばす！ 4年生の授業のコツ

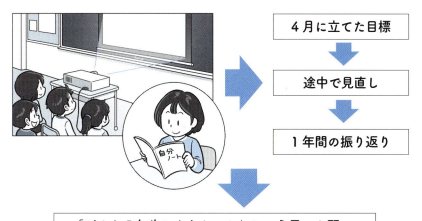

☆「学級活動（3）一人一人のキャリア形成と自己実現」について

小学校学習指導要領には、学級活動内容（3）として、次の三つの内容が示されています。

ア 現在や将来に希望や目標をもって生きる意欲や態度の育成
イ 社会参画意識の醸成や働くことの意義の理解
ウ 主体的な学習態度の形成と学校図書館等の活用

これらの内容については、いずれの学年でも指導することとなっています。

4年生でも学校の年間指導計画に基づいて、これらの内容を適切に指導する必要があります。

――― ここがポイント ―――

一人一人が、自分に合った具体的なめあてを設定して、実践後に振り返ることが大切です。学年や学期の最初にめあてを設定することが多いと思いますが、それを掲示して終わりにせず、日常の学校生活や学校行事など、節目ごとに振り返って、年間を通じてめあてを具体化したり見直したりしましょう。

第4章

4年生で使える「学級遊び」

4年生で使える「学級遊び」①

ぴったりクエスチョン

ねらい

英語を使って友達の好きなことやものについて尋ねたり答えたりしながら、相互理解を深めましょう。

 クラスメイトへの関心を広げよう

STEP 1 使用する言語材料に慣れ親しむ

まず、チャンツや他の活動を通して、使用する言語材料に十分に慣れ親しめるように指導しましょう。

STEP 2 活動する

トピックとともにクリアの条件となる人数を教師が示してから始めます。この活動で使用するフレーズは、"I like 〜." "Do you like 〜?" です。トピックに関する自分の答えを、ジェスチャーを交えて尋ねます。ぴったり合ったら "Best friend!" と挙手し、合わなかった場合は "Sorry, friend." と伝え、新たなパートナーと活動を続けます。

STEP 3 いろんなアレンジを加えてみる

この活動は、いろいろなトピックで行うことができます。また、教師がトピックを事前に伝え、調査のためのインタビュー活動を行い、その後で「ぴったりクエスチョン」を行うというアレンジも有効です。子供たちは、インタビュー活動に必要感をもって臨むことでしょう。その際は、"I like

〜." "Do you like 〜?" をそのまま用いれば、負担なく活動できます。ねらいに応じてアレンジをして、友達と楽しく関係づくりを行いながら、英語に慣れ親しめるとよいでしょう。

「**ぴったりクエスチョン**」

ここがポイント

❶気持ちや思いを言葉に乗せてやりとりし、仲が深まる心地よさを体感できる指導を目指しましょう。例えば、応答する際の表現 "Best friend!" "Sorry." や、やりとり終了時の挨拶 "Thank you." "Bye." など、一言一言を大切に扱うようにすることが挙げられます。

❷コミュニケーションを図る中で、実態に応じて、スキンシップを取りながら関わり合うことができるようにしましょう。

❸この活動のねらいは、「ぴったり」を達成することではなく、クラスの友達との相互理解を深めることです。このことをしっかりと意識しながら活動できるように、目的の共通理解を図りましょう。

4年生で使える「学級遊び」②

○組ブックをつくろう

ねらい

既習の絵本をもとに、自分たちの思いを生かしてアレンジし、相互理解を深めましょう。

 繰り返しの表現を活用して、続きを描いてみる
例）"Brown Bear, Brown Bear, What Do You See?"

ここでは、子供たちにとって身近な「絵本」を活用した活動を紹介します。他の絵本にも応用できるので、実態に合わせて行ってみてください。

STEP 1　絵本に慣れ親しむ

子供たちが絵本に慣れるために、授業だけでなく、読み聞かせの時間や朝読書等で積極的に活用しましょう。表現や構成に慣れてきた段階で、実際に歌うようにします。ここで、子供たちが歌いにくそうにしている箇所がある場合、思い切って歌詞を変えてみましょう。そうすることで、歌いやすくなり、スムーズに活動できるようになります。

STEP 2　アレンジする

絵本に慣れ親しんだ段階で、子供たちの思いを生かして、文の一部をアレンジしましょう。しかしここでは、口頭での表現に留めます。その際、子供たちが考えたジェスチャーを交えることで、より楽しく、思いをもって活動することができます。

STEP 3　絵本づくり

　まず、絵本のタイトルを決めます。また、学級の人数によっては、何冊に分けて作成するかについても話し合う機会をもちましょう。そして、アレンジした動物の絵本の作製に取りかかります。子供たちの思いに応じて、絵のみで仕上げたり、文字・文を添えたりする形態で行いましょう。

子供がつくった絵本 "Happy Dog, Happy Dog, What Do you See?"

── ここがポイント ──

❶繰り返しの表現がある絵本を選びましょう。また、子供たちが学習する言語材料に沿った、アレンジしやすいものを選ぶようにしましょう。
❷絵本に慣れ親しんだ段階で、子供たちの思いを生かして、文の一部をアレンジしましょう〈気分・色・数・曜日・動作・動物・食べ物等〉。その際、子供たちが考えたジェスチャーを交えましょう。
❸この活動の最後に、一人一人が自分たちのアレンジを画用紙等に描き表します。それらをまとめて、絵本に仕上げましょう。学級文庫に置くなどして、成果物を子供たちが活用できるようにしましょう。
❹この活動を導入する前から、教師が事前にアレンジした動物の絵を教室のいたるところに毎日数匹ずつ掲示しましょう。関心を高める有効な手立てとなります。

4年生で使える「学級遊び」③

わたしはだれでしょう

ねらい

友達のよいところ見付けを、日常的に楽しみながらできるようにします。友達が気付いたことを聞くことで、友達のよさを見付ける視点が増えるようにしましょう。

STEP 1 わたしはだれでしょうカードとポストを設置する

子供たちがいつでもカードを書いて、ポストに入れることができるように、カードとポストを子供たちの手の届くところに設置します。カードは、簡単に書くことができるように3〜5行程度の罫線があるとよいでしょう。

ポストは学級オリジナルの名前を付けたり、子供が飾り付けを工夫してつくったりすると、カードを入れることが楽しみになります。カードが貯まっていくことが目で見て分かるように透明な面があるとよいでしょう。

わたしはだれでしょうカード

○○係の活動で、ポスターを作って楽しく本の紹介をすることができました。
わたしは、だれでしょう？
　　正かいは、_____より

STEP 2　子供たちが日々、カードを貯める

　友達のよいところを見付けたら、見付けたときのエピソードを書いて、ポストに入れて貯めていきます。はじめは、グループの友達、係活動をしているときなど、見付ける相手や場面を指定すると、友達を見る視点が定まり見付けやすくなります。また、教師が具体的な価値付けをして、子供たちに見付ける場面や機会を示すことで、友達のよさに目を向けることができるようになります。

STEP 3　ポストの中のカードをクイズとして出題する

　朝の会や帰りの会等で、ポストの中の「わたしはだれでしょうカード」をクイズとして出題します。正解は、投稿者が教えます。また、朝の会・帰りの会などにクイズタイムができるとよいです。

STEP 4　出題されたカードを掲示していく

　「わたしはだれでしょうカード」は、子供たちの頑張った足跡として掲示していくとよいでしょう。掲示することで、内容が徐々に深まっていくことが分かるようになります。

―――― ここがポイント ――――

　子供たちの発想の多くは経験です。よいところ見付けをクイズにしたり、自分たちのポストをつくったりするなど、教師の創意工夫の引き出しが子供の発想につながります。「自分が〇〇をしてもらった」という当事者から見た友達のよさから、第三者として友達を見て気が付いたよさに深めるためには、教師が日頃から子供たちのよさや頑張りをよく見て称賛することが大切です。

4年生で使える「学級遊び」④

新聞タワー

---- **ねらい** ----

　グループで競い合って新聞を高くする遊びを通して、自分や友達のよさを見付けたり、協力しようとしたりする力を育てましょう。

STEP 1　初めのルール説明が肝心！

　「どのグループが、一番高いタワーをつくれるかな」。

　子供たちは競争となると熱くなりますが、教師が子供たちに見通しをもたせることと、簡単なルールづくりが、活動をより楽しくします。

**スカイツリーより高く！
新聞タワーをつくろう！**

1　ルール説明

2　相談タイム
3　作成タイム
4　結果発表

5　相談タイム
6　作成タイム
7　結果発表

8　ふり返りタイム

活動の流れ、ルールを子供たちに伝えます。

楽しくするためのルール

○使ってよいもの
　新聞紙5枚
○相談タイム
　新聞2枚だけ、使ってよい。
○作成タイム
　時間になったら、手は頭の上へ置き、タワーから離れる。
○結果発表
　みんながタワーから手を離してから10秒数えた後に、高さを比べる。
○振り返り
　ワークシートに、自分や友達の頑張ったこと、やってみた感想を書く。

STEP 2 カギを握る相談タイム

つくってみると、子供たちはアイデアが生まれたり、うまくいかないことが出てきたりします。相談タイムで話し合う時間を設定し、工夫を出し合ったり、何をするのか共有したりことで、より高い新聞タワーをつくることができます。

STEP 3 視点を示す振り返りタイム

みんなで活動する楽しさを感じることができるようにすることと同時に、自分や友達のよいところを見付けてほしいものです。振り返りは、「楽しかった」「高いタワーをつくることができた」だけではなく、教師が振り返ってほしい視点を示すことで、子供たちの活動がより有意義なも

振り返りの視点
○自分の考えを言うことができたか
○友達の考えを聞くことができたか
○時間を守って、つくることができたか
○友達と相談しながら、つくることができたか
○自分が頑張ったこと
○友達のよかったところ
○高いタワーをつくるために、大切だと思ったこと　など

のになります。「協力できた」などの抽象的な言葉ではなく、子供の行動や姿を具体的に書けるようにします。

――― ここがポイント ―――

❶グループをまとめるリーダー的な存在の子供のよいところは、子供もすぐ見付けることができます。みんなの前に出なくても、みんなのために動いていた子供を褒めることで、よいところ見付けの幅が広がります。

❷一番高いタワーをつくったグループだけでなく、「1回目よりも高くできたで賞」「役割分担が上手だった賞」など、教師が全てのグループに賞をあげると、みんなが楽しい気持ちで活動を終えることができます。

4年生で使える「学級遊び」⑤

調査じゃんけん

ねらい

子供同士が楽しみながら、自分のことを伝えたり、友達を知ったりすることを通して、仲間づくりをしましょう。

STEP 1 自己紹介を考えよう！

好きな食べ物やテレビ、得意なことなど、自分が友達に伝えたいことを三つ考えて用紙に書き、教師に渡します。

STEP 2 ルールを知ろう！

①ゲームの最後にグループの友達同士で友達のクイズを出し合うことを伝える。そして、そのためにじゃんけんをして情報を得ることを知ります。
②情報を得るじゃんけんの内容を知る。じゃんけんは一度だけ出したら終了する。**勝ったら三つの情報、あいこは二つの情報、負けたら一つの情報が得られます**（得た情報は、簡単にメモを取る）。

第4章 4年生で使える「学級遊び」

STEP 3 さぁ、調査開始！

じゃんけんをして、友達の情報を得ていきます（得た情報は、用紙に記録していく）。

自分のグループ以外の友達の情報も得られるように、できるだけ多くの友達とじゃんけんができるように配慮します。

STEP 4 調査結果をもとに、グループの友達と友達クイズを出し合う

例「私の調査によると、その人の好きな食べ物はハンバーグです。得意なことは縄跳びです。…さて、この人は誰でしょう」。

グループの友達と話し合ったり、相談したりして、楽しみながら関わりを深めることができるようにします。

──── ここがポイント ────

❶初めに友達とクイズを出し合うことを前提として活動することで、友達のことを知ろうとする意欲が高まります。また、自己紹介の内容について、好きな食べ物や好きなスポーツなどは、年度始めに行うと効果的ですが、年度末には伝え合う内容を変えていくことも考えられます。

❷なかなか友達に関われない子供には、教師が補助に入ったり、伝える内容を例示したりするなどの支援が必要です。一人一人の状況に合わせて活動していきましょう。

[編著者]

安部 恭子　Abe Kyoko

文部科学省初等中等教育局教育課程課教科調査官〔特別活動〕
国立教育政策研究所教育課程研究センター研究開発部教育課程調査官

特別活動サークルや研究会での、たくさんの仲間や尊敬する先輩たちとの出会いにより、特別活動の素晴らしさを実感し大好きになる。大宮市立小学校、さいたま市立小学校、さいたま市教育委員会、さいたま市立小学校教頭勤務を経て、平成27年4月より現職。

石川隆一　Ishikawa Ryuichi

神奈川県横浜市立西前小学校長

[執筆者]

本田 大亮	神奈川県横浜市立北方小学校主幹教諭
源　憲一	神奈川県横浜市立権太坂小学校教諭
廣田 晃士	神奈川県横浜市立阿久和小学校教諭
五味　毅	神奈川県横浜市立宮谷小学校教諭
國分 享子	神奈川県横浜市立北綱島小学校主幹教諭
瀬尾 和秀	神奈川県横浜市立本町小学校教諭
森川 雅子	神奈川県横浜市立新鶴見小学校教諭
押本 悠季	神奈川県横浜市立瀬戸ケ谷小学校教諭
小西 雅章	神奈川県横浜市立美しが丘西小学校教諭
池田 恭平	神奈川県横浜市立子安小学校教諭
飯島 道世	神奈川県横浜市立瀬谷第二小学校教諭
兼子　輝	神奈川県横浜市立荏田東第一小学校教諭

「みんな」の学級経営
伸びる つながる 4年生

2018（平成30）年3月22日　初版第1刷発行

編著者　安部恭子・石川隆一
発行者　錦織圭之介
発行所　株式会社 東洋館出版社
　　　　〒113-0021　東京都文京区本駒込5-16-7
　　　　営業部　TEL：03-3823-9206
　　　　　　　　FAX：03-3823-9208
　　　　編集部　TEL：03-3823-9207
　　　　　　　　FAX：03-3823-9209
　　　　振　替　00180-7-96823
　　　　URL　http://www.toyokan.co.jp

［装　丁］中濱健治
［イラスト］オセロ（今田貴之進）
［編集協力］株式会社あいげん社
［本文デザイン］竹内宏和（藤原印刷株式会社）
［印刷・製本］　藤原印刷株式会社

ISBN978-4-491-03498-0　Printed in Japan

JCOPY　<(社)出版者著作権管理機構 委託出版物>
本書の無断複写は著作権法上での例外を除き禁じられています。
複写される場合は，そのつど事前に，(社)出版者著作権管理機構
（電話 03-3513-6969，FAX 03-3513-6979，e-mail: info@jcopy.
or.jp）の許諾を得てください。